伝説のプロ経営者が教える30歳からのリーダーの教科書

Leadership Textbook for the Young at Heart

新 将命
Atarashi Masami

日本実業出版社

はじめに

「三つ子の魂百まで」という言葉がある。幼いときに備わった性格は、一生変わることがないということだ。

私はビジネスパーソンの一生は、30代でほぼ（80％以上）決まってしまうと考えている。なぜか。青年には3つのアドバンテージがあるからだ。

アドバンテージの第一は、若くて元気があるため、身体にムリがきく。一晩くらい徹夜をしても、平気な顔で翌日も働ける。歳をとるにつれ、身体は「勤続疲労」を起こしがちである。

第二に、若いがゆえに、失敗が許されるという点だ。失敗したとしても、人生の残り時間が長いので何度でもリカバリーショットが打てる。40～50歳を過ぎた中高年社員が失敗をすると、「いい歳をしてあいつはダメだ！」と烙印を押されてしまい、二度と立ち上がることのできない破目に陥りがちだ。

第三のアドバンテージは、残された人生の伸びしろが広く長いうえに、体力も気力も充実しているので、その気になれば学ぶ時間がふんだんにあるということだ。学ばない人は滅びる人である。「学ぶ時間」という特権を活かさないのはあまりにもったいない。

「鉄は熱いうちに打て」(Strike the iron while it is hot.) という箴言がある。30代の青年は熱い鉄である。いま打たないと、いつしか鉄は冷えてしまう。歳をとってからでは、「ときすでに遅し」(It's too late.) と臍を噛むこととなる。

打つとは何を意味するのか。日々、経験を積んだ上に、ビジネスパーソンとして成長、成功するための「原理原則」をきっちり学び身に付けることである。「我流・自己流」はそのまま放っておくと「デタラメ流」になる。デタラメ人間はダメ人間となり、ついには負け犬となる。

本書は主に30代ビジネスパーソンに向けて書いたものだが、いかなる世代の人であれ余所ごと・他人ごとという3人称ではなく、自分ごととして1人称で読んでいただければ、20代30代のフレッシュな世代でも、40代、50代、あるいはそれ以上のキャリア豊富な世代であっても、有益な気づきが得られるものと確信している。

なぜなら、大上段に振りかざしてものを言うならば、本書は半世紀を超える私のビジネス人生の集大成だからである。

私のビジネス人生は、高度経済成長時代にはじまり、ドルショック、石油ショック、バブル経済・バブル崩壊、デフレ経済を経て、いま「人新世《じんしんせい》」の時代を迎えている。

社会、企業、個人の価値観は、この間に何度も変化してきた。

イノベーションが起これば社会が変わり、社会が変わればビジネスが変わる。ビジネスが変われば企業が変わり、企業が変わればビジネスパーソンも変わらざるを得ない。

固定電話が携帯電話に変わり、ソロバンが電卓に変わり、ガソリン燃料車がＥＶに変わり、特急列車が新幹線に、新幹線がリニアモーターカーに変わっても、その一方でビジネスの世界には永遠に変わらないものもある。

それが、本書の中で何度も登場する「原理原則」である。

私が平成21年に書いてロングセラーとなった『経営の教科書』という本で紹介した原理原則は、12年を経た令和3年の今日、本書で紹介している原理原則と何も変わっていない。それどころか数百年前、いや数千年前の大昔に記された書籍の中にさえ、今日でも立派に通用している原理原則を山ほど見出すことができる。

『論語』には温故知新（古きをたずね新しきを知る）とある。流行に振り回されずに、時代を経ても光り続けている「不易（変わらないこと）」から学ぼう。

「原理原則」、この小学生でも知っている簡単な漢字四文字の意味するところは深くて広い。言葉は平易であっても、内容は深いのだ。

そして、この不変の「原理原則」は、私自身がいまも日々、企業の取締役や、研修講師として、若い経営者や経営者予備軍である若いビジネスリーダーに話し、実践を促している中身そのものである。

“Control your destiny, or someone else will.”（自分の人生は自分で支配せよ。さもないと他人があなたの人生を支配してしまう）

これはGE（ゼネラル・エレクトリック）の元CEO・ジャック・ウェルチの言葉である。あなたの人生の主役はあなた以外にいない。他人の奴隷にはなりたくない。

佐賀鍋島藩に『葉隠《はがくれ》』を遺した山本常朝は「人間一生誠にわずかのことなり。好いたことをして暮らすべきなり。夢の間の世の中に、好かぬことばかりして、苦を見て暮らすは愚かなることなり」と言っている。

滅私奉公の武士道を唱える『葉隠』は、その一方で、人の一生は本当にわずかな間のことなのだから、好きなことをして暮らすべきである。短い一生を嫌なことばかりをして、苦しい思いをして暮らすのは愚かなことだと言っているのだ。

私は、ビジネスパーソンの究極の極意は「活私奉公」であると心得ている。自分を活かすことで周りを活かす、周りを活かすことで会社を活かす。会社を活かすことで社会を活かす。この流れの要諦には「活私」がある。「滅私」ではない。

渋沢栄一の言う「事業は世のため人のためにある」の原点には、まず自分を活かすということがあるのではないか。

宮沢賢治が、農学校の教諭を去るときにつくったといわれる「生徒諸君に寄せる」という詩がある。長文の詩なので全文を掲載することはしないが、その一節にはこうある。

諸君はこの時代に強いられ率いられて
奴隷のように忍従することを欲するか
今日の歴史や地史の資料からのみ論ずるならば、我らの祖先、ないしは我らに至るまで
すべての信仰や特性は、ただ誤解から生じたとさえ見え
しかも科学はいまだに暗く、我らに自殺と自棄のみをしか保証せぬ

むしろ諸君よ
さらに新たな正しい時代をつくれ

諸君よ

紺色の地平線が膨らみ高まるときに
諸君はその中に没することを欲するか
実に諸君はこの地平線における、あらゆる形の山岳でなければならぬ

宇宙は絶えず我らによって変化する
誰が誰よりどうだとか、誰の仕事がどうしたとか
そんなことを言っているひまがあるか！

（『新校本 宮澤賢治全集』筑摩書房）

もう1つ、これはだれでも一度は目にしたことがあるはずのサミュエル・ウルマンの有名な「青春」という詩である。これも一部を抜粋する。

青春とは人生のある期間ではなく
心の持ちかたを言う
バラの面差し、紅の唇、しなやかな肢体ではなく
たくましい意志、豊かな想像力、燃える情熱を指す

青春とは怯懦を退ける勇気、安き易を振り捨てる冒険心を意味する

年を重ねただけで人は老いない
理想を失うとき初めて老いる。

頭を高く上げ希望の波をとらえる限り
80歳であろうと人は青春にて已む。

（『「青春」という名の詩――幻の詩人サムエル・ウルマン』
宇野収・作山宗久　産業能率大学出版部）

この書は、たった一回しかない自分の人生を目一杯に生きて、「成功人生」を築き上げたいと願う、30代を中心としたすべてのビジネスパーソンに対して、84歳の永遠の青年が心を込めて贈る人生の応援歌である。

令和3年8月吉日

新　将命

伝説のプロ経営者が教える　30歳からのリーダーの教科書◉目次

第2章 リーダープラットフォームに隙はないか

第3章 大局観を身に付けるためのポイント

第4章　ピンチをチャンスに変換する決め技

第5章 グローバル時代、ダイバーシティ時代の波をどう乗り切るか

第6章 卓越とは千の詳細である

カバーデザイン／竹内雄二
本文組版／一企画

第1章

人生を空回りで終わらせる勘違いをしていないか

デキル人とデキタ人

人生は一本道ではない。道の途中には必ず分岐点があるし、その先でさらに何本にも枝分かれする。

人生とは道の選択の繰り返しだが、ときにはあえて回り道が必要なこともある。地図上で最短距離は、現在地と目的地を一直線に結ぶルートだが、現実には必ずしもそうならないことが多い。東京からニューヨークに飛ぶときの最短ルートは、直線ではなく曲線である。地球が丸いからだ。このルートを大圏航路という。

地図上では一直線のルートでも、実際には途中を川が横切っていることもあれば、崖が待ち受けていたり、深い森が行く手を遮ることもある。

人生も同様で回り道を選んだほうが、かえって目的地に早く着くことが少なくない。

そしていかなる道を選ぼうとも、人生でもビジネスでも、ムダな道というものは１つもない。ただし、やってはいけない道の選び方もある。

やってはいけない道の選び方とは、いわば東へ行こうとして西へ向って歩き出すようなことだ。これは見当違いであり勘違いだ。勘違いしたままでは永遠に目的地にたどり着くことはできない。

人生の勘違いは、貴重な時間を大幅にロスするし、ビジネス上で勘違いをすると、時間とともにヒト・モノ・カネという大切な経営資源までロスさせることがある。

この勘違いはさまざまな場面で起こる。特に若いうちはなおさらだ。その大本にあるのは、**小知を得たに過ぎないにもかかわらず、それですべてをわかった気になるという大きな勘違い**である。生兵法は大けがのもとである。

デキルばかりではリーダー失格

私自身も、若いころには勘違いが多かった。30代の私はデキル人に憧れた。勉強ができる、スポーツができる、仕事ができる、英語ができる。そういう人が30代のころの理想であった。デキル人がリーダーになるものと思い込んでいた。

私なりに理想の人に近づこうと、会社に入ってからも、終業後、夜にビジネス講座に通って勉強していた。余談だが、若いころ、会社の帰りに何らかのビジネススクールへ通っていたという経営者は意外に多い。しかし、実際にリーダーの立場になってみると、リーダーはデキルだけでは務まらないことを痛いほど知ることになる。

よく「デキル人よりデキタ人」という。デキル人というのは才人である。スキルの高い人、技能に長けた人で実績もある、「手に職のある」人である。一方、デキタ人とは『論語』でいう君子である。人間力の高い、徳の人である。

デキルだけの才人リーダーでは、部下の信頼は得られない。部下が「この人のためなら……」と心を許してついて来ないからだ。

といってデキタ人というだけでも、部下は安心してついて行けない。安心してついて行くには、リーダーに部下を納得させるだけのスキル（才）が求められるからだ。

自分はデキルリーダーと思い込んでいた若き日の私は、部下の反発を受けて自分の勘違いを悟った。

リーダーはデキル人というだけでは不十分。デキタ人というのもリーダー失格。**「デキルデキタ人」という二重構造の人でなければならない**。

デキタ人になるための教科書は『論語』や『貞観政要』をはじめとしてあるにはあるが、最も効果的なのは「人という教科書」である。幸い私は、生きた教科書といえる立派な先輩に恵まれた。その先輩の言動を真似ることで少しずつ自分をデキタ人に近づけ、結果として部下の信頼を勝ち取ることができた。

極度に高い倫理観

45歳でジョンソン・エンド・ジョンソン（J&J）日本法人の社長に就いたとき、アメリカ総本社のCEOであったジェームズ・バーク氏に、トップリーダーにとって必要な能力は何か、尋ねたことがある。彼は即座にこう答えた。

「2つある。平均以上のインテリジェンスと極度に高い倫理観だ」

倫理観に重きを置いていることに、まさに目からウロコが落ちる思いだった。リーダーの倫理観は企業風土に影響を与える。優れた企業文化はリーダーの倫理観なしに生まれない。正しい意思決定も高い倫理感なくして導き出すことはできない。カルロス・ゴーン元日産CEOの例に見るように、トップの倫理観の欠落は企業業績に確実に悪影響を及ぼす。

極度に高い倫理観の持ち主とはまさにデキタ人のことである。「デキルデキタ人」であったジェームズ・バーク氏は私にとって生きた教科書であり、彼から多くのことを学んだ。

繰り返す。リーダーとは「デキルデキタ人」である。デキル人、デキルだけの人は仕事師でありスペシャリストである。リーダーにはなり得ない。デキタだけの人はビジネスパーソンには向かない。宣教師か僧侶になればよい。

能力は他人が決めるもの

人が犯しがちな勘違いの中で、おそらく最も多いのは自己評価だろう。人の評価の基軸とは、その人の実体（Substance）と実績（Performance）の2本立てである。しかし、**人は自分で自分を評価するときには2割以上のインフレで、他人を評価するときには2割以上のデフレで評価する**といわれる。

2割足す2割で4割、この差は大きい。人は、自分は実際の自分より優れていると思い込み、他人は実際よりもダメなやつと思い込んでしまうということだ。2割増しの自己評価は、思い上がりという勘違いを生み、自分が思うほどには評価されていない現実とのギャップに悩むことになる。

自己評価と他人から受ける評価のギャップに悩む人は、「他人の評価のほうが間違っている」と、さらに勘違いを増幅させ、より深刻な精神状態に陥ることもある。

自分を実際より高く評価しているのは、ある意味で幸福な勘違いだが、人から受ける評価とのギャップに苦しむようになると不幸な勘違いとなってしまう。

自己評価と他者評価のギャップに悩んでいる人は、まず自身の自己評価を2割ほど差し引いて見るのが適切な対応なのだが、なかなかそうはいかないようだ。

反面、2割引の他人評価は、人を根拠なく見くびったり、バカにしたりという質の悪い勘違いにもつながる。

どちらも人生を空回りさせかねない悪しき勘違いである。そもそも人の能力のあるなし、高い低いは自分が決めることではない。他人が決めることだ。

昭和の疑獄事件の1つ、「ロッキード事件」で、田中角栄元首相を相手に捜査の指揮を執った、元東京地検特捜部の検事・堀田力氏のいうとおり**「能力は他人が決めるもの」**なのである。「春風をもって人に接し、秋霜をもって己を律す」(佐藤一斎)という。多くの人は〝春風をもって己を遇し、秋霜をもって人を律する〟という誤りを犯している。

人の批評はありがたく受けること

自分で自分をエライという人間に偉い人はいない。自分で自分をエライと自画自賛する人は、他人は誰も自分を認めてくれないと告白しているお粗末人間に過ぎない。

しかし、自分で自分をエライと思っているうちに、本当に自分はエライと思い込んでしまうのが人間の悲しい性《さが》である。

この思い込みによる自信という効果は、正しい使い方をすれば、本人にも周囲にもよい結果をもたらすが、自信が過信や慢心、さらには傲慢へと増幅すれば、最後には破綻という悪しき結果を招くことになりかねない。

人の評価ばかりではない。株式市場や為替相場でも、それぞれの銘柄や通貨の値段が正しく評価されていることは少ないという。常に高すぎるか、安すぎるのである。腕利きの相場師は、このギャップから利益を抜くのだ。

では、人生を誤りかねない過信・慢心・傲慢という心の罠からはどうすれば免れることができるのか。

先述したように自己評価するときは2割引で、他人を評価するときは2割増しでやればよいのだが、それがなかなかできないのも残念な現実である。だが、できることもある。最も手軽で効果的な方法は、第三者の批評に、謙虚に積極的に耳を傾ける（Active Listening）ことに尽きる。

多くの人は、他人の評価は頼まれなくても積極的にやる。こうした機会を有効に活用すればよいのである。

他人の評価というのは、それが**どんなに耳の痛い話であっても、利害関係のない人から**

の評価であれば現実に近いと考えてよい。

そして、評価には、何をどう改善すればよいのかについての暗示（ときには明示）が含まれていることも多い。

だから、他人からの評価、特に耳の痛いことを言ってくれる人の言葉には、精一杯真摯《しんし》な態度で、丁寧に聴くこと、聴いた後には一言お礼を欠かさないことも大事である。

真摯で丁寧な態度で話を聴く相手に対しては、批評する側も、はじめは自分の優越感を満足させたいだけだったとしても、次はこちらのために何か役立つことを言おうと考えるものである。

「巨耳細口《きょじさいこう》」（耳は大きく開いて人の言葉を聴き、口は言葉少なく控えめに）を心がけたい。

ムチャはするな、ムリをしろ

ビジネスシーンでは20年ほど前に「目標管理」が流行った。成果主義とのセットだったと記憶している。

さらに30年遡ったころにも目標管理が流行った時代がある。

目標管理の基本は、努力をすれば届くレベルに目標を設定することにある。果てしなき成長に向かって、挑み続けることが目標管理の肝だ。

成果主義とセットで登場した目標管理には批判もあるが、人生にもビジネスにも目標はなくてはならない。目標がなければ、自分がいまどこにいて、これからどこに行くのか、目標点にはいつまでに着かなければいけないのか、という計画も立てられないからだ。

人生にも、企業にも、成功するためには制限時間（デッドライン）付きの目標が必要である。

人は何度かの修羅場、結果責任を伴った困難な仕事を経験することで、はじめて成長する。しかし、私が部下に困難な仕事というチャンスを与えるときには、その仕事が、部下が精一杯努力すればできる仕事か、現在の力では到底達成できない仕事かを判断し、前者の場合のみ、部下に実行を命じた。

いわば「事前の瀬踏み」をしたのである。前者なら部下にムリをさせた。後者であるにもかかわらず、実行を命じたならば、ムチャをさせたことになる。

人はムリをしないと成長しないが、ムチャをするとつぶれてしまう。ムチャとは、たとえば営業の場合であれば今年の売上を前年の10倍に上げるとか、TOEIC500点を半年で990点に上げるというようなことである。

ムリとは前述のとおり、ストレッチすれば達成できる、背伸びをすれば届くというレベルだ。ムチャは不可だが、ムリは力をつけるための必要な負荷である。

ありたい自分からいまの自分の姿を見てみる

目標の設定は、ストレッチ（ムリ）すれば達成可能なところに置くのが原則だ。“Challenging But Attainable”（挑戦的であるが、達成可能）ということである。日本語でいえば「やってやれないことはない」というレベル感だ。

ムチャをムリと勘違いしたまま挑戦すると息が切れてしまう。一方、ムリをムチャと勘違いして挑戦をやめてしまえば、成長の機会を自ら失うことになる。ビジネスチャンスという名のバスは「サヨナラ、サヨナラ」と去ってしまう。

いったんスタートすると、ビジネスの場合では途中でやめることが難しい。日本人は、はじめるまではなかなか腰を上げないが、一度はじめると途中で見切りをつけるということが概して苦手である。適切な撤退ができないのは、あらかじめ撤退戦略を持たないからだが、粉骨砕身が美徳とされ、途中であきらめないのが立派なことと考えがちな日本人の価値観も影響しているように見える。

あきらめてはいけないのは目的（パーパス）、理念、志、大義であって、目標達成の道程では回り道をしても、緩急をつけてもよいのである。

英語では"Make haste slowly."（急がば回れ）という。幾何学ではA点からB点への最短距離は直線だが、ビジネスの世界はそうではない。

私は、32歳のときに45歳で社長になるという目標を立てた。その目標から逆算して32歳の自分、35歳の自分、40歳の自分の姿を頭に描いた。45歳で社長というのは目的地で、32歳から45歳までの自分が道程である。

45歳までに社長になるためには、32歳ではどんなスキルを身に付け、どんな自分になっていなければいけないのか、35歳ではどうか、40歳では何が必要かという達成モデルが途中経過の目標である。

自己啓発は当然必要だが、仕事もあるし家庭もある。自ずと時間は限られるため、ここで1日7時間勉強というようなムチャはしなかった。しかし仕事ではムリをした。自分自身の瀬踏みをしたのである。その結果、計画どおり、45歳のときにジョンソン・エンド・ジョンソン日本法人の社長に就くというパープレイをすることができた。

「はじめに」でもふれた"Control your destiny, or someone else will."（自分の運命は自分で支配せよ。さもないと他人があなたの運命を支配してしまう）というジャック・ウェルチ（元GE・CEO）の言葉がある。

自分で自分の運命を支配するためには、「自分はこういう自分創りをする」という短期と長期の目標設定が必須である。目標を定めても達成できるかどうかはわからない。時の運である。だが、目標を追い続けたほうが、目標なしで生きた場合よりも人生が充実したものになるという「相対的確率」ははるかに高くなる。

あなたには5年後、10年後、定年時の「ありたい自分」の未来像があるか。その像を実現するための短期と長期の納得目標があるか。

両方ないと、とどのつまりは自分の運命を他人に委ねてしまうという、取り返しのつかないペナルティを払う羽目に陥ってしまうことになる。

マネジャーは会社が決めるもの、リーダーは部下が決めるもの

集団はリーダーを求める。人も動物も同じだ。

部長や課長という肩書のない10人の平社員のグループがあったとしよう。そのうちの1人が際立ったパフォーマンスを継続的に発揮すると、あとの9人は最初は好奇心で「なぜだろう？」と興味・関心を持つ。

関心は次第に「なるほど。ああやればいいのだ！」という納得と尊敬へと変わり、最後は9人全員が1人のベストパフォーマーについて行くようになる。

そこに、1人のリーダーが生まれる。9人のフォロワーが生まれる。役職や肩書とは無関係である。いわば無冠の帝王である。これがリーダーの自然発生的なモデルだ。

私の経験でも、32歳で課長になったときに、最初に預かった12人の部下が同じような反応を示し、同じ経緯で私をリーダーと認めてくれた。

リーダーとはリードする人、人を導く人である。

人を導くには、後ろから喜んでついて来るフォロワーがいなければリードできない。振り返ると誰もいない、そこにはただ風が吹いているだけではリーダーとはいえない。

リーダーになるための一丁目一番地は、フォロワーがいるということである。

人を導くといっても、人が渋々ついて来るようでは本当のリーダーではない。リーダーの後について来るフォロワーは、ただのフォロワーではなく、喜んでついて来る"Willing Follower"（ウイリング・フォロワー）である。

ウイリング・フォロワーとは「あの人のためなら……」「あの人がそう言うのなら……」と、リーダーの持つ実力や実績、人間力、人格に感じて、心から信頼し、心服してついて来る人のことをいう。

つまり、リーダーとは地位や肩書といった「権力」というハードパワーで決まるのではなく、その人が持つ実力、人間力、その人の持つ「権威」というソフトパワーによって決まるのである。権威には「あたりの塵を払うような厳かさ」はあるが、明文化されるような資格や条件はない。

人の実力や人間力がリーダーたり得るかの評価は、フォロワー次第ということになる。したがって管理職という地位に就いたからといって、自動的に本物のリーダーになれるわけではない。フォロワーが認めてはじめてリーダーという名に値するのだ。私のはじめての部下も、私をリーダーと認めるまでには4〜5か月を要した。

肩書が勘違いを生む

マネジャーとは経営資源（ヒト・モノ・カネ・情報・時間等）を使いこなしながら、職務を遂行し結果を出す人である。マネジメントは会社に属する機能であるから、マネジャーは会社が任命する、組織におけるポジションである。

会社は階級組織だから、組織の定めるポジションには相応の人事権、命令権がついてくる。それが「権力」である。

命令権は作業レベルの業務では機能するが、チームを1つの方向にまとめたり、メンバー1人ひとりを鼓舞するような場面では限りなく無力に近い。命令では人の身体を動かすことはできても、人の心を動かすことはできない。**「人は論理によって説得され、感情によって動く」**（カーネル・サンダース）からである。

ところがマネジャーという肩書をもらったとたんに、自分が偉くなったと思い込む人が多い。

肩書は階級章だから、軍隊由来の組織形態をとる企業では、肩書に過大なイメージを持たせているせいだろう。

立場が人をつくるというのは、一面の事実ではあるものの、マネジャーの地位に就いた瞬間に「自分はリーダーである」と勘違いする、人間力の劣悪な上司の後ろを、部下が納得してついて行くことはないという厳しい事実を肝に銘じておくべきである。

マネジャーの立場になったら、与えられた権力だけでは不十分であることをまず認識し、権力を支える人間力というプラットフォームを築くことが求められるのだ。

ちなみに純粋な階級社会である軍隊でも、すべてが権力だけで動くわけではない。『義経軍歌』(武道の要諦について、源義経の活躍に仮託して詠まれた室町時代の歌集)には「大将は人によく声をかけよ」とある。

いざというときに兵が動いてくれるか否かは、大将が日頃どれだけ兵をインスパイア(鼓舞)しているかによって決まるのだ。

マネジャーとしての地位(ポジション)は会社が決めるものだが、リーダーとしての資格は自分が勝ち得るものである。

朝令暮改をためらうな

いわゆる朝令暮改とは、朝伝えた方針を夕方には変更するといった、一貫性のない、思いつきで方針を変える、思慮の浅いリーダーに対して使われる批判的な言葉である。

朝令暮改は、そのたびに部下が振り回されるので、優柔不断と同列に扱われ、概して評判が悪い。

何ごとかを成し遂げるには、一度決めたら、何があっても最後まで方針を変えない初志貫徹的な堅固な意思が必要という価値観は、現在も根強く残っている。無論こうした価値観には1つの真実があり、否定はできない。

しかし現実の世界では、一度決めたら後には退かぬ、花も嵐も踏み越えて、けっして方針を変えないというのは、かえって危険であることが多い。

第二次大戦のときの日本は、戦況が悪化しても、なお必勝の信念を叫び、当初の方針を貫き続け、徒《いたずら》に損害を大きくしていった。

今日のコロナ禍でも、コロナ以前の戦略のまま何ら変更を加えずに経営を続けている企業があれば、愚か者の誹《そし》りを免れないだろう。

一度決めたらとことんやり抜くという価値観は、現実のすべてに通用する原理原則ではなく、むしろ勘違いであることのほうが多い。

ということは、朝令暮改を悪徳と決めつける価値観も勘違いである。

「生き残る者は大きな者でも、賢い者でもない。変化に機敏に対応する者である」（チャールズ・ダーウィン）

朝令暮改は控えることではなく、むしろ**必要に応じて積極的に行なうべきという臨機応変の価値観こそ、変化の時代にはふさわしい**のである。「君子は豹変す」ことも、ときには必要である。リーダーに求められる能力や資質の中で最も重要なものの１つは柔軟性（フレキシビリティ）である。

朝令暮改をためらっているうちにチャンスは逃げる

変化とは、裏を返すとチャンスでもある。

コロナ禍において、好むと好まざるとにかかわらず新しいビジネスが生まれた。「新常態」には、それに対応した新しい商品やサービスが求められるからである。

新しい日常が望まれた現象ではなくとも、否応なくそれがノーマルな日常となるのだ。ニュー・ノーマルが定着して単なるノーマルと認識されるようになったとき、社会は根底から劇的に変化する。

社会の変化とは、1つのイノベーションに他ならない。イノベーションは必ず新しい産業を生む。つまり社会の変化とは、大きなビジネスチャンスなのである。

リモートワークは、すでに新しい日常の1つとなったが、リモートワークによって遠方顧客との商談がしやすくなり、立地による優劣の壁が取り払われようとしている。

さらにＡＩの進歩と融合すれば、国内市場のみを相手にしてきた企業でも、大きな投資を伴うことなく、日本にいながらにして世界中に顧客を求めることも可能になる。

ここで朝令暮改をためらっていては、遠からず機会損失という事態を招くことになる。新常態がそれを必要とするときには、**躊躇せずに、朝伝えた方針をその日の夕方に改めるべき**なのである。

変化に対応するときに肝心なことは、アジリティ（Agility）とアカウンタビリティ（Accountability）の2つである。

アジリティとは機敏性である。ダーウィンの言うように、変化に対応するといっても、恐竜のようにゆっくりとしていては絶滅を余儀なくされてしまう。

素早い（agile）反応が勝負を決めるのである。

だから朝令暮改でよいのだ。今日の朝伝えた方針を改めるのは、明日の朝では遅い。

むしろ「朝令昼改」でよいくらいだ。

アカウンタビリティとは、説明責任のことを指す。改めるといっても何の説明もなしに改めることは御法度である。

説明なしでは定見も一貫性もない人という誹りを招く。

仕事はチームでやっているのだから、メンバーが納得できる説明が必要だ。なぜ改めるのか、どう改めるのかを納得できる形で説明することが必要となる。アジリティとアカウンタビリティ、この2つが朝令暮改を実行するときのカギである。

権限委譲と権限放棄

歴史上でも、権限委譲の優劣が勝敗を分けたケースは多い。中国では、有名な項羽と劉邦の話がある。秦の滅亡後に、次の覇権を争った項羽と劉邦だが、武将として抜群の実力を持っていた項羽は、独断専行型で重臣の意見に耳を貸さない。一方、劉邦は武将としての力量は項羽の足もとにも及ばなかったが、臣下の優れた者を篤く任用し任せ切った。

いかにスーパー武将の項羽でも、1人の力には限界がある。任せることで多くの臣下の力を存分に発揮させた劉邦が、最後には勝者となり漢帝国を打ち建てた。

権限委譲は人財を育成するうえでも、企業を発展させるうえでもきわめて重要な条件だが、多くの勘違いが見られる。よく経営者から聞く「わが社には権限移譲できるだけの人が育っていない」という決まり文句もその一例だ。**権限委譲は人が育ってからやるものではなく、人を育てるためにやるもの**である。権限委譲するときの心得は5つある。

1．任せようとする人物にどこまで任せられる力があるか、必ず事前の瀬踏みをする。

2．任せるときは目一杯任せる。上司と部下の間には、常にパーセプションギャップ（認識のズレ）がある。上司が、自分は部下に十分任せていると思うほどには、部下は任せられたと思っていない。このギャップを埋めるためには、任せるときは任せ過ぎと思うくらいでちょうどよい。じきに平仄《ひょうそく》が合ってくる。

3．中間報告をさせる。あらかじめ中間報告のタイミングを決めておき、途中で口を挟まない。うるさく報告を求めては任せたことにならないからだ。中間報告は目標と実績に乖離がある場合の軌道修正や、是正措置を施す機会でもある。

4．軌道修正や是正措置をとるときも、上司は指示や答えを与えない。与えてもヒント止まりで、あくまでも答えは部下の頭で出させる。人は自分の頭で考えないと伸びない。

5．上司は重要な課題については決定者でなければならない。現場レベルの問題については任せたうえで、最後は結果責任を取る。いったん任せたら後は知らん顔、うまくやろうが失敗しようが勝手にせよというのは放任、見放し、丸投げである。英語では権限委譲のことを“Delegation”というが、放任、見放しは“Abdication”（権限放棄）である。任せたほうには任せた責任がある。任せた以上、上司は結果責任（Accountability）を負う。最後の骨はオレが拾うという覚悟がいるのだ。この責任を放棄することは許されない。以上5つの心得に反した権限委譲では、任せてもよい成果は得られないし、任せられた部下の成長にもつながらない。

任せられたら熱く応えよ

次に部下の立場で、権限委譲されたときの心得についても述べておこう。

第一の心得。まず**上司への中間報告は可能な限り丁寧に、かつ正確に、何より正直にやること**。普通の神経の持ち主の上司ならば、部下が報告をおろそかにすれば必ず不安を覚える。不安は不満と不信につながり、悪循環のもととなる。

第二の心得。任された以上、実行責任は任せられた部下にある。したがって、**実行の方法は任されている側が決める**のが正しい。上司に相談するのはかまわないが、やり方は自分の頭で考え出すことが基本ルールである。相談したのに何も教えてくれないと、不満を覚えるのは大きな勘違いだ。任せられても、なお上司頼みでは、権限委譲（Delegation）ではなく権限放棄（Abdication）だ。任されたということは、上司から信頼されたことの証に他ならないのだから、上司の信頼にはとことん応えるという気構えで臨むことだ。

第三の心得。**失敗を過度に恐れる必要はない**。なぜなら、その失敗で会社が危うくなるようなことを、上司は任せていないからである。「失敗は成功のための貴重な財産である」という健全な割り切りをしよう。

後継者を決定するときのツボを心得よ

後継者というのは40代、50代の役職者だけではない。30代の若手ビジネスパーソンも後継者候補である。

それぞれ現在の立場に応じて、課長の後継者であり、部長の後継者であり、そしてやがて社長の後継者となるかもしれない。ただし、階層が上に行くほど人数は絞られるので、社長の後継者になる人は課長候補者、部長候補者のうちの数人となるだろう。

私がジョンソン・エンド・ジョンソン（J&J）日本法人の社長に就任するとき、当時のアメリカ総本社CEOジェームズ・バーク氏からこう言われた。

「君が社長職をまっとうしたとき、どんなに業績を伸ばしたとしても、それだけでは100点満点で50点である。50点では落第だ。在任中に後継者をしっかり育て上げなくてはいけない。きちんと後継者を育てることができてプラス50点、合わせて100点となる」

仕事で結果を出すだけでは50点。その上に後継者をつくって100点という教えである。この点数配分は社長への評価に限った話ではない。

課長も、課長時代に課の成績を上げるだけではなく、課長が務まる後継者を育てることができて100点、部長は部門の成果を伸ばしただけでは50点、やはり後継者を課長の中から育てなければならない。**「業績プラス人財育成」がミッション**なのである。

業績と人財育成の両面で評価するのは、業績がよく、社歴の古いアメリカのエクセレントカンパニーに共通する特徴である。企業は"Going Concern"(継続的組織体)だからだ。

人の寿命には限りがある。

200年、300年と生きる人はいない。しかし企業は適切な経営を続けていれば、寿命に制限はなく200年でも300年でも、持続的に成長することが可能だ。

持続的に成長を重ねるためには、事業のバトンを受け継ぐ次世代の人財が不可欠である。企業にとって、常に人材を人財に育て続けることが重要となるのは明白だろう。だから、課長は課長の、部長は部長の、社長は社長の後継者を育てることが、業績を上げることと並ぶ最重要の仕事となるのだ。

1つ上の視点を持つ

では、どういう人が後継者にふさわしいのか。

私がJ&Jの社長のとき抜群に優秀な部長がいた。私は彼を後継者にしようと役員に引き上げた。任命して数年で、彼は結局辞めてしまった。

彼はデキル人だった。デキル人ほど他人の欠点や粗ばかりがよく見えてしまい、人を心から認めることができない。以心伝心で人にも信頼されないという結果を招く。人は自分を認めてくれる人を認めるものだ。

自分が人を信頼して、人から信頼されなくては、トップは務まらない。辞められるのは大変残念だったが、このときわかったことがある。後継者、特に重要なポジションの後継者は、仕事がデキルだけではだめで、仕事の実力・実績よりも価値観の共有度がより重要ということだった。

価値観の共有とは、J&Jにあっては企業理念「わが信条」の共有度・理解度である。理念の共有とともに必要なのが、「1つ上の視点」である。**課長は部長の視点で、部長は社長の視点で、会社といまの自分がどう見えるか想像してみる**ことだ。

いま見ている風景とは、違った景色が見えるはずである。そこで、いま見えている風景と1つ上の視点から見える景色を比べてみるとよい。自ずと自分がやるべきことがわかるはずだ。それが後継者として求められていることなのである。いま見ている世界が、世界のすべてと思うのは大きな勘違いだ。視点が上がれば、見える世界が異なってくる。

2つの変化、改善と革新を混同していないか

日進月歩の世の中、今日と同じ明日はない。明日も今日と同じで、明後日は明日と同じ日が続くと考えるのは愚か者であり敗者である。

周囲が日々新たになるからには、人も企業も変化しなければ勝者となれないのは必定だ。「将来の成功を妨げる最大の敵は過去の成功である」という。英語には“Revenge of Success”（成功の復讐）という言葉もある。昨日はうまくいったからといって今日も、明日もうまくいくとは限らない。それをうまくいくものと勘違いしていては、人も企業も、後追い人（Laggard）になってしまう。生きることとさえおぼつかなくなる。

変化には2つある。1つは改善（Improvement）である。もう1つは革新（Innovation）だ。この改善と革新は意味が異なる。一般的には混同されても大きな実害はないが、ビジネスシーンではこの2つを混同することは、ちょっと下手をすると禍根を招きかねない。

改善は現状肯定が前提である。**現状を基本的に肯定したうえで、そこに手を加え、より質のよい、これまで以上の状況を生み出すのが改善**だ。そこには連続性がある。

一方、革新とは現状否定からはじまる。**現状を否定し、現状とは異なる新しいステージ、新しい次元に移って、これまでにない結果を出すのが革新**である。そこには断続性がある。ガラガラポンの次元である。

経済学者ヨーゼフ・シュンペーターは「馬車を10台並べ立てても汽車にはならない」と言っている。馬車を連結すれば、たしかに馬力は高まるだろうが、それは改善である。馬車を見限って汽車を導入することがイノベーション、すなわち革新ということだ。革新の肝は「新結合」である。すでに存在するものの組み合わせにより新しいものを生むことである。

イノベーションには技術革新、組織革新、システム革新、社会革新などさまざまあるが、特に重要なのは人の意識革新である。すべての革新の原点には意識革新がある。

改善も長く続ければ革新

江戸時代の武芸者が、武芸の修行について「昨日よりはよくなり、今日よりはよくなりして、一生かけて仕上ぐるものなり」と、修行に終わりがないことを言っている。

現在地がスタートラインの改善は、道に沿って一歩一歩進む。ゴールを目指して歩き続けることが改善のイメージである。

改善といえば、トヨタの「ＫＡＩＺＥＮ」が世界的にも有名だ。

改善が、一歩一歩と歩き続けることであるのに対し、革新とは汽車、自動車、飛行機を開発することである。そこには現状否定があり、建設的な破壊がある。

改善はすぐに手ごたえがある。また、誤ったときでもすぐに修正が可能だ。だから現場主導で、現場に任せることが原則となる。ボトムアップである。

改善が現場内で自己完結できるのに対し、もう一方の革新は組織全体に及ぶ影響を伴うので、トップの強い意思や覚悟が必要となる。基本的にはトップダウンである。

では、現場の第一線にいる30代のビジネスパーソンに革新は不可能なのか。そんなことはない。私は**現場から起こせるボトムアップの革新もある**と思っている。

概して改善の成果は革新に比べて小さい。だが改善の力を見くびってはならない。たとえば自動車部品のメーカーで毎年、改善でコストを５％下げたとしよう。毎年５％のコストダウンを続けるのは、もとよりけっして容易なことではない。それでも、あくことなく改善を続け、５％のコストダウンを13年間継続した。すると改善の結果、約50％のコストダウンが実現したことになる。50％のコストダウンは、改善の域を超え、立派な革新・イノベーションといえる。継続的な改善は革新と同じ効果を上げるということだ。

戦略と戦術をはき違えてはいけない

戦略と戦術の混同、勘違いもビジネスの現場でよく見かけることだ。

戦略を立ててもうまくいかない原因の半分は、戦略を戦術と勘違いしている、もしくは戦術を戦略と勘違いしていることにある。改めて戦略と戦術の違いを見てみよう。

- 戦略とは目標を達成するためにある
- 戦術とは戦略を遂行するためにある
- 戦略とは何をやるかを決める、その前に何をやらないかを決める。決めるのはWHATである
- 戦術とは戦略で決めたやることをどうやるか決める。決めるのはHOWである
- 戦略の「何をやるか」は経営者が決める
- 戦術の「どうやるか」は主として現場が決める
- 戦略は戦いを省く。敵のいないところを選んで戦うブルーオーシャンが基本
- 戦術は敵と戦うことが前提。敵を定めたうえで戦い方を決める

戦術は戦略達成のための手段である。**戦術の失敗を戦略で補うことはできるが、戦略の欠如や欠陥を戦術で補うことはできない**。現実には、ほとんどの経営者は何をやるかを間違えているにもかかわらず、現場の戦術（必死の努力）でそれを補おうとしている。これを徒労という。致命的な間違いである。

なぜ戦術と戦略を混同してしまうのか

戦略と戦術を混同する、あるいは勘違いするというのは、いわば目的と手段を勘違いする、混同するのと似ている。何のためにやるのか、からはじまったにもかかわらず、いつの間にかどうやるかに優先順位が奪われた本末転倒の状態である。

後でも述べるが、利益は企業の理念や理想を実現し、持続可能性を担保するための手段である。しかし、ほとんどの企業で手段であるはずの利益が目的になっている。目的が利益であるなら、企業理念もそう書き換えられていなければいけない。人は意外に脆くも目的と手段をはき違える。戦略と戦術の混同、勘違いは次のような現象に現われる。

1．トップが現場のやり方に口を挟む、あるいはやり方を指示する

戦略の策定者であるトップが、戦術の実行者である現場に下りてくることは何ら問題は

ないが、口出しは御法度である。現場の意欲が阻喪するだけでなく、こういうトップの下では、戦略といいながら戦術レベルの議論ばかりなされていることが多いからだ。戦略会議で戦術ばかりを議論していて戦略がうまくいくはずがない。それでは企業が危うくなる。

2. やることをむやみやたらに増やす

戦略がうまくいっていないと、うまく進まないのはあれが足りないからだ、これが足りないからだ、いやこれもやらなくてはいけないと戦略の建て増しをはじめる。

戦略は、「あれもこれも」では決して成功しない。常に「あれか、これか」なのである。うまくいっていないからと、やることを増やせば増やすほどますます成功から遠ざかる憂き目を見る。「すべてを追えばすべてを失う」のである。「屏風は広げすぎると倒れる」という言葉もある。戦略の肝は優先順位（プライオリティ）である。

3. 現場がやり方（戦術）を飛び越え、やること（戦略）にまで手をつけはじめる

どんなやり方も、途中で必ず隘路《あいろ》に入り込むものだ。そのとき、必ず出るのがやり方（戦術）よりも、そもそもやること（戦略）が間違っているという認識だ。トップのガバナンスの弱い企業では、現場が勝手にやること（戦略）を変えはじめる。

コロナの蔓延に対する日本政府の対応と同じことで、司令塔不在という現象が生じる。司令塔のない企業は迷走してしまう。すべては戦略・戦術のはき違えから起こることだ。

利益には3つの顔があることを知らずに利益を追っていないか

利益には正しい利益と不正な利益、それに偶然の利益がある。

正しい利益とはいうまでもなく、正しいプロセスを経た結果として得られたフェアな利益である。王道を歩んで堂々と稼いだ利益であり、胸を張って誇るに足るものだ。

不正な利益とはだれかを不幸にしたり、人をだましたりして得た邪悪な利益である。

偶然の利益とは、たとえば円安・円高で儲かるというような意図せざる外部要因による利益である。

ダメな経営者ほど利益を上げることしか考えていないものだ。社員の立場に立てば、上からの指示は売上と利益ばかりだから、そもそも利益とは何かと考えることもないまま、どうしたら売上を上げ利益を上げられるのか、それればかりに頭を悩ますことになる。

売上の苦しいときには、不正な利益を上げようとまでは思わないものの、偶然の利益に期待することはしばしばである。といって僥倖はそう度々訪れはしない。

不正な利益と偶然の利益には共通点がある。それは、どちらも再現性に乏しく長続きしないということだ。**持続可能性が期待できるのは正しい利益だけ**である。

利益の正体がわかると目標が輝いて見える

われわれがいつも気になって仕方がない利益は、見る角度によって異なる3つの顔がある。普段、利益、利益と言っているときに見えている顔が**「目標としての利益」**である。いわゆる利益目標だ。多くのビジネスパーソンは日夜これに追いまくられている。

しかし、今年の利益目標はこれこれであると、上から一方的に指示された目標額は、痛いほどわかっていても、目標としての利益の背景を考えたことは、あまりないのではないだろうか。何のための利益かより、どうすれば上げられるかが目前の課題だからである。

利益の第二の顔は**「手段としての利益」**である。

企業の目的（パーパス）、理念、志を実現するために必要となる金額のことだ。設備、人財、研究開発など、わが社の持続性を担保するための手段としての顔である。

つまり、目的とするのは理念や理想の実現であり、利益はそのために必要な手段ということになる。

売上、利益に追いまくられている現場にとっては、あたかも利益そのものが目的のように感じられるかもしれない。

だが、**利益とはあくまでも理念、理想を追求するための手段**である。

目先の目標達成に苦労している現場は、こうした高高度からの視点を持ちにくい。目標、目標と叱咤するばかりでなく、手段としての利益の意味を、理念、理想達成の道すじとともに丁寧に説明し、納得させることができれば、利益目標もまた輝きを放つはずである。

利益の第三の顔は**「結果としての利益」**である。

利益とは正しいプロセスの結果である。正しいプロセスを経ることなく得られた利益は、不正な利益か、偶然の利益でしかない。持続的に利益を上げるためには、正しいプロセスを大事にすることが肝心なのである。

正しいプロセスの原点にはＥＳ（社員満足）とＣＳ（顧客満足）、ＳＳ（社会満足）がある。結果としてもう1つのＳＳ（Shareholder Satisfaction＝株主満足）が生まれる。なかでもダントツに重要なのはＣＳ（顧客満足）である。このプロセスを経ずに、徒に短期の利益のみを追い求める利益至上主義の経営は邪道経営である。

第2章

リーダープラットフォームに隙はないか

「自分株式会社」は長命企業より長寿企業で

企業は社会的公器といわれる。パブリックカンパニー（上場企業）とは、公開されたパブリック（公的）な存在である。パブリックな存在であるからには、世のため、人のためにどうやって役立つかという使命が必須である。

世のため人のためなど視野の片隅にもなく、ただただ自分と株主の利益のためという根性の企業は、社会的公器とはいえない。それでも存在していれば、辛うじて生きているだけという「長命企業」ということにはなる。「長寿企業」になり得るかとなると大いに疑問がある。

人にも企業にも、「何のために存在するのか」という哲学的命題がある。この「何のために」が生命力の源だ。「経営者自身と株主のために」と「世のため人のため」を比べてみれば、その格差は月とスッポン、刷毛と禿げほどの大きな違いがある。

人も企業も、「何のために」という立脚点、すなわち理念・志・使命感がなければ、ただ息をして生きているだけの存在である。仮に長時間生きていたとしても、それでは単に命を永らえているだけに過ぎない。

ただ長く生きているだけの企業を長命企業といい、持続的に社員がワクワク感を持ち、ニコニコと会話を交わし、イキイキと働いている企業を長寿企業という。

200年以上の歴史を持つ企業が、アメリカに239社、ヨーロッパに326社、そして日本に1340社あるという（日経BPコンサルティング調べ）。しかし、長命比べでは意味がない。

肝心なのは、この中にどれだけ長寿企業があるかだ。

では長寿企業にあって、長命企業や短命企業にないものとは何だろうか。何が両者を分けるのか。

決め手は理念・志・使命感

長寿企業に必要なことは次の6点である。

1．明確なビジョン・使命感・理念がある

「何のために」という存在理由（レゾンデートル）があり、それを社員、顧客、社会を

含むすべてのステークホルダー（利害関係者）に向かって明確に発信している。

2．長期的な視点がある

短期はどうでもよいということではない。短期に加えて長期的な視点で経営の舵取りをしていることが肝要なのである。現在から未来を見通す視点とともに、未来から逆算した現在の姿を網膜に映し出している。

3．顧客志向の意識が強い

社長の目がお客さまのほうに向いている。企業の死命を制するのは間違いなく顧客であるから、顧客志向を意識するのは当然のことだ。だが、世の中には当たり前のことができていない会社が山ほどある。

4．人を大事にする経営をしている

ＣＳ（顧客満足）はＥＳ（社員満足）なしにはあり得ない。企業のＣＳは、内部ステークホルダーである社員をはじめとして、外部ステークホルダーの仕入先や外注先の支えがあってこそ成り立つ。

5．社会的貢献をしている

企業は人に支えられているのと同時に、社会のインフラにも支えられているのだから、地域社会、広くは地球社会にお返しをしなくてはならない。

6. 持続的イノベーションと改善がある

ゆく川の流れは絶えずして、しかももとの水にあらず。長寿とは変わり続けた結果である。永遠に変わらないためには変わり続けなければならない。

一方、長寿人生を送るために必要なことは何か。長寿企業に必要なことを敷衍すると、「長寿人生」を設計する要点が見えてくる。

- **自分はどういう人間でありたいか、生きていて果たすべき使命は何かを追求している**
- **長期的な視点で人生設計をしている**
- **世のため人のために役立つという利他の思考と行動をとっている**
- **継続的に自己革新を行なっている**

これらを満たせば、少なくともつまらない干からびた人生を送ることはないはずだ。

リーダーがリーダーであるための3つのスキル

年齢にかかわらず、リーダーになりたいと思う人が、身に付けておかなければならないスキルが3つある。

いずれも若いから身に付かないというものではないし、年齢を重ねたから有利というものでもない。

また、これで十分！　というゴールもない。若くても、年齢を重ねていても、磨けば光るスキルである。ただし、磨き続けなければたちまち光を失う。

スキルの一番目は**機能的、専門的なスキル**である。

この機能的、専門的スキルは担当業務のキャリアを積んでいけば、だれでもある程度身に付く。

しかし、リーダーにとって担当業務のスキルがあるのは当たり前だ。では、どういう方向へスキルアップすればよいのか。そこが肝心なところである。

この機能的、専門的スキルは、大別すると3つのタイプに分かれる。

- **一点深掘りタイプ**　経理のスペシャリスト、在庫管理のスペシャリスト、企業法務のスペシャリストなど専門分野のスキルに長けているタイプである。専門分野では他の追随を許さない専門性を持っているので、他人から認められ尊敬されるが、こういう人はややもすると専門バカとなる危険がある。
- **幅広浅掘りタイプ**　スペシャリストに対して、いわゆるゼネラリストという位置づけのタイプである。ゼネラリストというのは、言葉を換えれば「何でも屋」であり、何でも少しは知っている物知りに相当する。

英語に"Jack of all trades and master of none."という表現がある。「何にでも手を出すが、何1つものにしていない」ということだ。スペシャリストは専門バカであっても、少なくとも1つの分野に関しては専門家として評価されるが、ゼネラリストは底が浅いので当てになるものがない。業績不振のときに真っ先に退職勧告を受けることになる。

- **幅広深掘りタイプ**　リーダーや経営者に望まれるのはこのタイプである。幅広い経験や知識を持っているだけでなく、単数、または複数の専門性を身に付けている人である。幅広く何でもわかると同時に深い専門力を持っているのが「優れ者」である。

ゼネラリストが"Jack of all trades and master of none."であるのに対して、こちらは"Jack of all trades and master of one（or more）.”だ。

あえてもう1つ加えるとすれば、**幅狭浅掘りタイプ**がある。一口でいえば「役立たず人間」であり、ただのバカである。

3つのスキルは三位一体

スキルの二番目は**業務スキル**である。業務スキルとは、業務遂行に求められるスキルであり、結果や業績に直接結び付く、ビジネスパーソンに不可欠のスキルである。具体的には、企業業績を表わすPL・BSを読み解く力である「PL・BSリテラシー」。IoT、AIが産業インフラになる時代である以上、「ITリテラシー」や「DXリテラシー」もリーダーに欠かせない。

そして、ビジネスとは結局、人と人との関係の中でしかあり得ない。したがって人間関係能力とコミュニケーション力は、リーダーにとって永遠不朽の業務スキルである。

さらに、グローバル化の波が押し寄せている世界の中では、英語プラスワンの語学力も、リーダーには必須の能力となる。プラスワンとは、具体的な例を挙げれば中国語である。

業務スキルは一度身に付ければ、そう簡単には衰えないスキルだが、日進月歩の現代では、時代が変わり経営環境が変わるなかでは磨き続ける必要がある。磨かないスキルは錆びついてしまい、使い物にならなくなる。

スキルの三番目は、リーダーに求められるスキルとしてはきわめて当然だが**リーダーシップスキル**である。機能的専門的スキルと業務スキル、そしてリーダーシップスキルは三位一体のスキルだ。

リーダーシップなきリーダーは、どこまで行ってもリーダー失格である。決断する覚悟のないリーダー、責任を取る覚悟のないリーダーはリーダーといえない。それでは人を導けないからだ。

「まず隗よりはじめよ」がリーダーの基本動作

「まず隗よりはじめよ」とは、何かを行なうときには、まず自分自身が第一の実行者となって、全体を引っ張っていくことが肝心という意味である。

言葉としては、古代中国の故事に由来する。あるとき燕の王が、客人として滞在していた郭隗《かくかい》に尋ねた。

「わが師となる人がいれば、ぜひ招いて教えを乞いたい。どなたかご紹介いただけないだろうか」。

郭隗は王の問いに答えてこう言った。

「昔、ある君主が駿馬を求めて買いにやったところ、死んだ馬の骨を五百金で買って帰ってきました。君主は怒りましたが『死んだ馬の骨さえ大金を出して買うなら、生きた馬はもっと高値で買うと思うから、あちこちから馬を売りに集まってくる。その中から探せば駿馬はすぐにも手に入りましょう』といわれ、しばらく様子を見ておりました。すると言うとおり3頭の駿馬が手に入りました。王が賢者を師に招きたいと思われるならば、まずこの隗からはじめてください。そうすれば、すぐに私よりも優れた者が千里の道も遠しとせずにやってくるでしょう」

自分のような菲才の者でも師として重用されたことを人々が知れば、自分以上の俊才は全国各地から大挙して押し寄せるだろうから、その中から最も優れた賢人を選べばよい。だから、まずは私を雇いなさいということである。

巧みな「売り込み」という印象もあるが、人を傷つけない上手な売り込みである。この故事によって生まれた格言が「まず隗よりはじめよ」である。敷衍して述べれば「正しいこと、行なうべきことは、まず自分が真っ先に行なって範となりなさい」ということだ。

自分はどうなのか、自責がリーダーの条件

管理者の嘆き節をよく耳にする。

曰く、部下が育たない、部下のスキルが低い、フォロワーばかりでリーダーシップのある者がいない等々、部下への不満が多い。

次代のリーダー不在論、人財払底論が目立つ議論である。

こうした不満の声を聞くと、ついつい意地悪な質問がしたくなる。
「あなたのおっしゃることはよくわかります。多くの管理者が、やはりそう思っているようです。ところであなた自身のスキルはどうなのですか？　リーダーシップは大丈夫ですか？」

部下のスキル不足やリーダーシップのなさを嘆く前に、自分が身をもって範を示すことが管理者の基本動作である。

率先垂範とは、自ら率先して範を示す、管理者自身が生きた模範（ロールモデル）となることである。

リーダーシップのある部下がいても、フォロワータイプの上司の下で部下がリーダーとなることはなかなか難しい。

ちょっと下手をすると、出る杭は打たれるという結果を招く。出る杭は打たれるが、出ない杭は腐る。企業の中には多くの腐った杭が埋もれている。

したがって部下に求めることは、上司が自ら身をもって模範を示すしかない。だから、「まず隗よりはじめよ」なのである。

前述の3つのスキルを基本として、日頃から部下に接していけば、自然と部下もそれを真似るようになる。

「上、下を知るに3年かかり、下、上を知るに3日で足る」という。部下（フォロワー）とは上司（リーダー）を真似るものだからだ。

ちょっと油断をすると、部下は上司の悪いところばかりを見て真似る。

だからこそ、上司は自分を厳しく律することが重要な資質となるのだ。

特に、社員全員の上司である社長は、だれよりも自分を律していなければいけない。第1章で述べたように、スキルは並みでもよいが、自分を律すること、すなわち道徳観や倫理感は極度に高いレベルで維持されていることが条件だ。

大企業の不祥事、中央官庁の不祥事の背後にあるのは、いまも昔も変わらずトップの倫理感の欠如である。

「春風をもって人と接し、秋霜をもって己を律する」（佐藤一斎）べきなのだ。自分を律することができない人が、他人を律することはできない。

人生の豊穣を担保するＵＳＰのすすめ

「老人は過去を語り、若者は未来を語る」という。若者にとって、未来ははるか先のことでなかなか本気で考える機会がない。しかし、生きている限り必ず未来はやってくる。未来は「いま」を積み重ねた延長線上にある。だからこそ「いま」をどう生きるかが大事なのだ。若いうちに流さない汗は、年老いてから涙となって返ってくる。

人生１００年時代という。織田信長が好んだという『敦盛』の「人間五十年」が平均寿命だった江戸時代に比べれば倍の人生である。人生50年時代は40歳になれば隠居暮らしの老人だったのが、いまの40歳は働き盛りの壮年である。

「五十、六十はなたれ小僧、七十、八十、花ならつぼみ、九十になってお迎え来たら、百まで待てと追い返せ」という戯れ歌も、いまや真実味がある。

会社人生は、普通の人は40歳から約20年でピークアウトする。定年延長で65歳、70歳まで会社にいることになるかもしれないが、役職定年は60歳で、その後はおおむね肩書なし、部下なし、権限なし、給料減というやりがいに欠けた、寂しい十数年を送ることとなる。

事実上60歳までが花で、その後は花は花でもあだ花となってしまう。

『敦盛』では「人間五十年」の後に「下天のうちに比ぶれば夢幻のごとくなり」と続くが、現代人は60歳からさらに20年～30年の人生がある。いま30歳という人も、あと30年で60歳となる。そこから先に、さらに30年から40年の人生が延々と続くのである。

寿命は延びたとはいえ所詮人生は1回しかない。しかも限られた時間である。ならば、ムダに浪費したくない、実り豊かなものにしたいという気持ちは万人共通だろう。

一芸は多芸に通ず

実りを求めるなら、そのためのタネまきが必要となる。そして人生100年を豊かにするタネと、会社人生を実りあるものにするタネは、同じものである。同じものとは何か。タネ明かしをしよう。そのタネの名前は、「USP」という。

USP（＝Unique Selling Point）とは、直訳すれば「私独自の売り物」、自分固有の得意分野のことである。しかも、そのレベルはだれにも負けないレベル、余人をもって替えがたいという高みをねらいたい。「人後に落ちない」というレベル感である。だれでもできることはUSPとはいわない。

私の場合、40代から経営の仕事に携わると同時に、経営やリーダーシップについて書いたり話したりしてきた。そして、それが尾を引いていまでもこの分野で執筆を続け、講演や研修活動を続けている。

私事は別として、企業の経営者には、若いころ、何かの分野で研鑽を深め、いわゆる一芸（または複芸）を極めた人が少なくない。優れた一芸（または複芸）は周囲の関心と注目と尊敬を集める。その結果、必然的に活動範囲も人脈も広がることとなる。活動範囲と人脈が広がれば、その結果として自然と自己実現のチャンスも増える。

余人をもって替えがたい、私だけの得意分野（ＵＳＰ）を持つことは、会社人生にも好影響をもたらすし、その後の人生にも役立つのだ。

自分のＵＳＰは何か。それを見極めて、あるいは決めて磨きをかけるのは、50歳を超えてからでは手遅れである。30代からはじめれば十分間に合う。いまが絶好の潮時だ。

自分のＵＳＰを何にするかを見定めて磨きをかけるには、それ相当の時間がかかる。「ローマは一日にして成らず」である。現在の仕事がすでに専門職なら、その分野で能力を伸ばしていくという方法はあるが、ジョブローテーションのなかで基軸となるＵＳＰを見つけることはそれほど簡単ではない。

仮に営業職だとしても、漠然と営業能力をＵＳＰとしようとするのは、営業なら何でもできますと宣言するようなものだ。何でもできるというのは、薄く広く何でも少しずつ知っている「何でも屋」止まりであって、「何にもできない」になりかねない。それを“Selling Point”（売り物）というのはおこがましい。一口に営業力といっても、「顧客開拓能力」「説得能力」「プレゼンテーション能力」「営業部門を指揮統括する能力」等々、数多くあるなかで、自分はこの点では人後に落ちないというUSPを身に付けたいものである。

また自分の適性に合ったUSPを見つけたとしても、それがどこでも通用するプロフェッショナルレベルにまで達するには、おおよそ1万時間の学習を要するという、アンダース・エリクソンという学者の唱える「1万時間の法則」がある。

仮に1日2時間、何らかのUSPをつくろうとして実行に移したとする。すると次の計算となる。**現在30歳の人は、毎日2時間学ぶと、2時間／日×365日＝730時間、1万時間÷730時間＝14年、30歳＋14年＝44歳でプロの域に達する**ということになる。

私は32歳のときに、自分のUSPを「経営力」と「リーダーシップ」の2本立てにしようと意思決定をした。意識的にこの2つに磨きをかけ、それなりの努力をした。

結果として45歳で社長職に就き、65歳で会社生活を卒業した後も、後から後から仕事の依頼が舞い込んだ。すべてUSPのおかげである。経営、営業、財務、法務、人事、企画、IT等、何でもいい。USPの有無があなたの人生の後半を決めるのだ。

二足の草鞋を履こう！
「複属」のすすめ

若いうちからできること、やっておいたほうがよいこと、若いうちにしかできないことがある。本業とすること以外に、何か別のことに取り組むことである。いわば異なる属性を持つことのすすめである。私はこの道一筋のことを「単属」、複数の属性を持つことを「複属」と言っている。

ビジネスパーソンの複属としては、「企業人という属性と家庭人という属性」ということになろう。この2つの属性を両立させるというのが、いわゆる「ワークライフバランス」である。自分を犠牲にして、企業に全身全霊を捧げる働き方を滅私奉公というが、本当に望ましいのは**自分を活かしながら会社の役に立つという活私奉公**である。

そもそも自分を活かせない人は、会社を活かすことができない。

「ワークライフバランス」というと、相容れない対立概念の響きがする。私は「ワークアンドライフ」という両立概念のほうが正しいと考えている。

そもそも家族を守って幸せにすることができない人が、会社を伸ばして社員や部下を幸せにすることができるハズがない。

この道一筋でも遊びをつくろう

仕事の能力に関しても複属のほうが、視野が広がり、本業の能力にも好影響がある。私の考える複属は2つある。

1．仕事力（スキル）の複属

仕事力（スキル）の複属とは、営業を経験し人事を経験する、製造を経験し購買を経験するというような、複数の職務を経験することである。

私自身の経験を述べれば、最初に営業職に就いた後、数年後に企画部門へ異動し、再び営業職に戻った。そこから会社全体の動きを立案する戦略部門へ異動し、経営の中枢の仕事を経験した。いわば「スパイラルキャリア」である。

営業とは異なる分野の経験は、営業という会社の根幹に関わる仕事を、複眼的に見ることに役立った。また、営業の経験は戦略部門へ移ってからも、マーケティングという視点から市場全体を見るときに大いにものを言った。

異動や転勤は視野を広げる大きなチャンスなのである。私自身、長いビジネス人生の間に仙台、秋田、大阪、東京、サンフランシスコ、ニューヨークで働いた経験が役に立ったという実感を強く持っている。

2．本業以外へのチャレンジ

わき目もふらず仕事一筋という生き方もよいが、仕事以外の道に踏み込んでみることも、若いうちならやってもよいと思う。年齢を重ね、家庭を持ち、社内で重要な立場に就いてからではできないことだからだ。私の場合、余暇に翻訳の仕事をした。通訳兼ガイドのようなこともやったことがある。いずれも、自分の視野を広げるために大いに役に立った。

ここで大切なのは、副業が本業の邪魔をしてはならないということだ。

翻訳にせよ、通訳にせよ、やる以上は責任が伴う。本業以外に何かをやるというのは、好んでもう1つの荷物を背負うことと似ている。

しかし、背負えば背負ったなりのリターンはあるものだ。

本業以外へのチャレンジの結果、まったく新しい人脈をつくることもできたし、回り回って仕事となって返ってきたベネフィットもあった。

夢の間の短い一生で、たった1つの道しか歩まないのはもったいない。本業を毀損しないという絶対条件の下で副業を追求すると、人生は豊かさを増す。

ＳＮＳの時代こそ五感を研ぎ澄ます

昔は「読み書き算盤」といったが、現代のビジネスパーソンにとって、スマホやＳＮＳはごくごく日常的なビジネスの道具であり生活道具だ。デジタル情報通信はますます進化し、社会と産業を変えていくだろう。社会の隅々までＩｏＴがつなぎ、ＡＩがその質と機能を飛躍的に高めていくはずだ。

やがてＡＩが人間の判断を超えるシンギュラリティが訪れ、そこから人類は労働から解放されるという説もある。ＡＩやロボットが、ほとんどの労働を代替してくれるという。

シンギュラリティの信ぴょう性はともかく、デジタル情報通信の発展は間違いない。

物心ついたころから、コンピュータのある世界に生きてきた30代の人々にとっては、こうした変化は電車が新幹線、リニアモーターカーに変わっていくようなものかもしれない。

しかし、ここで肝心なことがある。それは、どんなに優秀なＡＩが出現したとしても、あるいは人間の作業をすべて代行できるロボットが誕生したとしても、それらはあくまでも道具だということだ。道具は生かすも殺すも使う人の使い方次第である。

どんなに切れ味のよい名刀でも、握る者が素人であれば包丁ほどにも役に立たない。想像を超える性能を持ったＡＩやロボットができたとしても、それがよい仕事をするか否かは使う人によって決まる。近年のデジタルカメラは搭載しているＡＩによってアシストされているため、どんな状況で撮影しても失敗がない。しかし見る人の心を打つ一枚は、カメラのシャッターを切る人の勘とセンスによってしか生まれないのだ。

最後の見極めは人の五感で

デジタル情報通信が質量ともに拡大している現代では、世界各地の情報が現地の映像や声とともに居ながらにして手に入る。だが、それで判断決定できるすべての情報はＯＫと思い込むのは早計である。

私が社長時代、小規模ながら海外に生産拠点を設ける計画があった。建設予定地として、ことという場所が絞られ、現地に人を派遣し調査を進めていた。当時はＺｏｏｍもインスタグラムもなかったが、現地の映像はビデオで、報告は国際ＦＡＸや電話で聞いた。

現地スタッフや担当役員の意見では、この予定地でよいということになったが、私はあえて現地に飛んだ。自分の五感で確かめたかったからである。

建設予定地は広さも適当で、少し離れた場所には集落もあり、働いてもらう人たちはその集落から得られそうだ。ロジスティクスにも問題はない。

しかし、私は建設予定地に立ってあたりを見回したとき、何か違和感を覚えた。私は集落まで行って60歳を超えていると思われる人に、昔の建設予定地の様子について聞いてみた。建設予定地はかつて水田であったという。

水田を埋め立てて工場団地にしようというのが現地自治体の目論見であるから、そこまでは日本でも承知していたことである。しかし、さらに話を聞いてみると水田でも沼に近く、雨が降ると巨大な池になるので、水田としても使える場所は限られていたという。そこで私は現地スタッフに指示して、地形図のチェックと地下の地質を調査させた。

「心ここにあらざれば見れども見えず、聴けども聴けず」という。また、「人は見たいものを見、聴きたいことを聴く」という。

同じものを見ていても、問題意識の持ち方によって見え方は違う。いくら現地の映像や声を集めたといっても、問題意識がなければ肝心なところを撮影していない、聞いていないということが起り得る。目に映っているものがすべてではないのだ。**SNSがどんなに発展しても最後は自分の五感、ひいては六感が決め手となる。**この建設予定地は調査の結果、地震や洪水に弱く社員の安全が守れないということで見送りとなった。

エンゲージメントはコミットメントの母

エンゲージメント（Engagement）は企業に対する帰属意識であり、帰属する企業に貢献する意欲でもある。いわゆる「やる気」だ。

組織と自分自身の一体感は信頼をベースとする。信頼がエンゲージメントの源である。信頼が基礎にないと、エンゲージメントではなくコンテインメント（Containment＝束縛・封じ込め）となる。

新卒の内定者を他社に行かせないよう誓約書を取ったり、合宿を行なって囲い込むのはコンテインメントである。

顧客や有力な外注先を囲い込むのもコンテインメントだが、信頼関係のないコンテインメントは長続きしない。長続きする関係を築こうとするなら、やはり信頼を基礎とし、お互いを尊重し合うエンゲージメントでなければならない。

所属する企業に対するエンゲージメントに関しては、日本にとってショッキングな調査がある。

アメリカのギャラップ社の２０１７年の調査では、日本人のエンゲージメント意識は世界１３９か国中１３２位。意欲を持って仕事に臨んでいるビジネスパーソンは、わずか６％しかいない。

日本人ビジネスパーソンの94％はやる気がなく、そのうちの24％にいたっては不平不満をまき散らし、周囲の意欲を積極的に下げているというのがギャラップの調査結果だ。

コンサルタント会社のコーンフェリーの調べでも、積極的にリーダーシップをとるビジネスパーソンは、日本は27％、アメリカは50％、ヨーロッパは42％、アジアで49％となっている。

反対にやる気のないのは、日本48％、アメリカ26％、ヨーロッパ33％、アジア28％で、世界と比べて日本人の意欲はダントツに低い。

女性の場合、リーダーになりたいと思っている日本人ビジネスウーマンはただの１％という、これまたショッキングな数字もある。

所属する企業に対する信頼感や意欲がこれだけ低ければ、本来チームで成果を出すべき仕事で世界に太刀打ちできるはずがなく、さらに人口減少による市場の縮小、生産量の縮小が追い打ちをかける。

日本の生産性、それもホワイトカラーの生産性は国際比較で見ると絶望的に低い。

信頼回復への処方箋

なぜ、ここまで日本人のエンゲージメントが下がったのかについては、ここでは詳述しないが、日産のコストカットに代表される企業のリストラの影響は少なくないだろう。昭和の時代に企業に尽くしてきた父や母、それに先輩たちが、90年代にいきなりコスト扱いされ、虐げられた姿を見てきた30代、40代のビジネスパーソンの目には、企業は信頼するに値しない存在と映ったとしても無理はない。

「信なくば立たず」(『論語』)という。人々の信頼を回復しない限り、わが社にも日本経済にも未来はない。

そして、人々の信頼回復の使命を負うのは、最も企業に不信を抱いている30代、40代となる。

皮肉なめぐり合わせだが、遠回りをしても、再び「人が一番の経営資産」という原点に戻ってきたなら、この回り道もムダではないはずだ。

信頼回復のキーワードは「関与」である。

企業理念、戦略、計画といった**基幹となるプラットフォームやプロセスの策定に、部下**

を参加させることが関与だ。部下は命令されたことだけをやる道具ではない。上司は、最後の決定は自分が行なうが、何を、どうやるかに関しては、なるべく部下を参画させる。結果として部下の心の中に当事者意識（Sense of Ownership）が生まれる。そのためには関与、言い換えれば**「巻き込み作戦」**を展開するべきである。

エンゲージメントは「コミットメント」（Commitment）を生む。

ハムエッグにおいてニワトリは参加しているだけだが、豚はコミットメントしているという。ニワトリは卵を産んだらお役御免、コケコッコーとサヨナラだが、豚は身命を賭けて肉を提供している。

会社にとって望ましいのは豚である。全員がニワトリではトリ返しがつかない。

現在、日本のビジネスパーソンの94％がニワトリになろうとしている。日本の企業がニワトリばかりになっては、トン（豚）でもない結果を招くことになる。

人財になるための3原則

人は最も重要な経営資産であるとはいえ、人にはそれぞれ自ずと異なった才能があり、器量も均一ではない。

リーダーや経営者に向いている人というのは、経営資産である人材の中でも、際立って資産価値の高い財産、すなわち人財である。

ではどういう人が人財かというと、**スキル（仕事力）とマインド（人間力）のいずれも高い人**である。つまり第1章で述べた「デキルデキタ人」が人財である。

スキル（仕事力）には、職務遂行能力やプレゼンテーション能力、コミュニケーション能力などが含まれる。マインド（人間力）とは、理念の共有度、意欲、見識、行動力、人徳といったものだ。スキルは目に見えてわかりやすいが、マインドはなかなか目に見えない。だからこそリーダーには「人を見る目」が必要なのだ。

では、人財以外に社内にはどんな人がいるのだろうか。まずスキルは低いがマインド（意欲）はべらぼうに高い新入社員、異動直後の人がいる。

こういう人たちは、これからどうなるかわからないものの、「素材」として大いに期待される「人材」である。

次にスキルはそこそこ持っているものの、マインド（意欲）の低い人がいる。スキルはあってもマインドの低い人は大きな成長を望めない。仕事はできるので信用はできるが、人間として信頼はできない。しかし、スキルはあるから一定の成果は出せるので、いてもらったほうがよい。「存在」してもらう人だから「人在」である。

最後にスキルも低くマインドも低い、周囲に不平不満ばかりまき散らし、悪影響を与える人も残念ながら一定割合いる。この人たちのことは「人罪」と呼ぶしかない。できるだけ早く罪を改め復帰してもらいたい。

「人財」、「人在」、「人材」、「人罪」。

あなたはどのジンザイか？　どのジンザイになろうとしているのか？

答えは自分で出すしかないが、いずれを目指すべきかは言うまでもないだろう。

進んで修羅場に飛び込もう

では、どうすれば人は人財になれるのだろうか。

人在、人材、あるいは人罪であっても、人が人財に成長するための方法は3つある。**最も効果的に人を成長させるのは修羅場の経験**である。人が成長する要因の80％は、若いうちにいくつかの修羅場を経験することといわれる。

「聞かざるはこれを聞くにしかず。これを聞くはこれを見るにしかず。これを見るはこれを知るにしかず。これを知るはこれを行なうにしかず。学はこれを行なうに至りてやむ」（『荀子』）という。どんなに本を読んだところで、経営学は学べても、経営力は実際にやってみなければ身に付かない。

修羅場とは結果責任（Accountability）を伴う困難な仕事のことである。

新製品導入の担当者となって、企画開発から市場投入、そして顧客からの評価まで一気通貫で経験する。海外拠点の新設をゼロから担当する。新事業を立ち上げる。そのように、すべてが未知数の仕事を経験することが、修羅場を経験するということである。

いまも昔も、人を磨くものは仕事と仕事からの学びである。だから修羅場と思える仕事には、背を向けないで積極的に挑戦したほうがよい。

次に、人を成長させる要素として10％の効果があるといわれるのが座学である。研修会やセミナーに参加したり、Ｚｏｏｍ講演などで学習するのが座学だ。効果はわずかに10％だが、平凡と非凡の差は数ミリという。この10％が人材と人財を分けるのだ。

剣豪宮本武蔵を武蔵たらしめたのは、60余戦無敗の剣の腕だけではなく、白鷺城での3年間の読書で自己を研鑽したことにある。修羅場の経験は80％の効果があるとはいえ、修羅場だけではどんなに極めても自己流の80点なのである。

そして、最後の10％は**メンター（Mentor＝師）を持つこと**である。

日経新聞の「私の履歴書」に登場したほとんどの人に共通するのは、若いうちからメンターを持っていたという事実である。

メンターとは人生の師であり、困ったとき、悩んだときの相談相手だ。人生に3人のメンターがいれば、その人の人生はバラ色になるという格言もある。しかし、メンターがどこにいるかとなると、そう簡単には見つからない。自分で探し出すしかない。

もし身近にメンターがいないときには、本の中にメンターを求める方法もある。本の中にいるメンターをブックメンターという。

座右の書という言葉がある。これが私の唱えるブックメンターである。ちなみに私にとってのブックメンターの御三家は『貞観政要』、『論語』、『現代の経営』（ピーター・F・ドラッカー）である。「困ったときの神頼み」に非ずして「悩んだときの紙頼み」ということである。

相手に響く説得の3条件

リーダーはフォロワー（部下）を率いるために、ときに説得が必要となる。リーダー自身のやる気や号令だけでは人はついて来ない。

説得しなくても人が喜んで後をついて来るというほど、心服されていればよいが、現実には何度かは説得が必要となる場面があるものだ。

現実の世界では「何にも言うな。黙って俺について来い」で、本当に黙ってついて来る部下はほとんどいない。

たとえついて来たとしても、多くは面従腹背である。何をするにせよ、まず説明があって、その説明に納得できたとき、はじめて人は動き出す。

説得をした後に生まれるのが納得である。説得、次に納得、それから行動という順だ。

地位や職権で相手に要求を飲ませたのでは正しい説得とはいえない。相手は納得があってはじめて腰を上げ行動を起こす。

では、納得を生む説得をするために必要なスキルは何か。

その説明の前に、もう1つ前提条件を押さえておかなければいけない。それはコミュニケーションの基本的な要諦である。

コミュニケーションの要諦とは、自分が相手に何を伝えたか、どう伝えたかにはない。実際に相手に何が伝わったかが要諦である。

つまり、説得者がどれだけ熱弁をふるおうとも、それはある意味、どうでもよいことであって、肝要なのは熱弁の結果、実際に相手に何がどう伝わったかということだ。

「あれほど言ったのに」というセリフは、説得者にとって許される言い訳ではない。説得の条件とは、伝えるべきことが相手にきちんと正しく伝わるということである。そのためのスキルが、納得を生む説得のスキルということである。

3つのVを意識して話す

メラビアンの法則というものを聞いたことがあるだろう。

人が話をしたときに、聞き手に印象深く残っている要素とは何かを検証したものだ。聞き手に与えるインパクトは、次の3つに大別される。

1．話し手の表情、態度、服装、身振り手振りなど見た目の印象

メラビアンの法則では視覚情報（Visual）と定義されている。この視覚情報が、聞き手の印象の55％を占める。「人は見た目」といわれるのもこうした理由からだ。

2．話し手の話し方、声音、声の大きさ、抑揚、口調など音声に関する印象

メラビアンの法則では聴覚的情報（Vocal）という。音としての情報である。これが印象の38％を占める。

3．話のコンテンツ、いわゆる話の中味に対する印象

メラビアンの法則では言語情報（Verbal）と定義されている。話し手にとって肝心なのは話の中味だが、聞き手に響くための影響力（インパクト）はわずか7％しかない。以上の3つのVのうちで最も重要な話の中味“Verbal”がどんなに内容の濃いものであっても、話し方や見た目がお粗末だと、なかなか相手に伝わりにくい。この点を認識していないと、ビジネス上の説得はおろか、日常のコミュニケーションでも齟齬を来たすことを憶えておくべきである。

もう1つ大事なことがある。

それは、**自分の話を熱意を持って話す人は非常に多いが、人の話に熱心に耳を傾ける人はきわめて少ない**ということだ。

したがって一度、二度説得した程度で、それで通じなければ後は知らんという態度では、説得が成功するはずがない。

馬を水場に連れていっても、馬にその気がなければ水を飲まない。それでも水を飲む気になるときは必ず訪れるのだから、粘り強く機会を待ち、機会を見逃さないことが重要だ。また、そもそも信頼をしていない人の話は説得力がない。

説得を試みる前には、まず信頼関係を築くことが必要となる。信頼関係を築くには、まず良好な人間関係を築かねばならない。

いきなり説得ではなく、最初は雑談から入るという回り道をするのも、説得の1つのスキルである。ビジネスの世界では回り道が一番の近道ということがよくある。「ムダの効用」である。

意図で山は動かない、山を動かすのはブルドーザーである

見出しの言葉はピーター・F・ドラッカーの残したものだ。この後には「戦略がブルドーザーである」と続く。ここでいう意図（Intention）とは、わが社はこういう会社になりたいという企業理念に加え、何を達成したいかという目標である。ドラッカーは、**理念や目標だけでは山（企業、組織）は動かない**と言っているのだ。

理想や情熱は山を動かすための燃料にはなっても、動力はブルドーザーにある。肝心のブルドーザーがないことには、燃料ばかりがあっても役に立たない。ブルドーザーである戦略を持たねば、実行力に欠くこととなる。本書でも何度か理念の重要性を謳っているが、理念とは包括的、抽象的、概念的なものである。それゆえ大きな可能性を持つのだが、具体的な実行力となると、より現実に落とし込まなければならない。

理念が抽象的、哲学的であるのに対し、目標とは具体的、計数的なものである。理念に比べれば見える化が可能であり、全員で共有しやすいが、それでも遠大な目標は

巨大な像のようで、像を食べろといわれても、どこからかじればよいかわからない。そこでもう一段、目標を達成するための段取り（プロセス）が必要になってくる。

それが戦略だ。目標を達成するために何をするかを明示する。そしてその明示されたことをどう実行するかが戦術ということである。**理念（目的）はあっても目標や戦略・戦術のない企業は、いわゆる理念倒れとなる。**理念や理想はあっても永遠にそこへ近づけない。遠くに見える理想の星を悔し涙で眺め続けることになる。

反対に目標あって理念なしでは、その目標はノルマと化す恐れが強い。「理念なき目標はノルマと化する」で、そこには「やらされ感」が漂う。「やりたい感」は生まれない。

30代からでも必要な戦略眼

まず理念のプラットフォームを築き、その上に目標を立て、目標を達成するための戦略を立案し、戦略を実行するための戦術を工夫したうえで、現場展開をする。この川上から川下への流れが重要である。

現実問題として30代のマネジャーは、企業の戦略立案にコミットする機会は少ない。せいぜい時折、意見を求められるくらいだ。企業戦略の決定は経営者マターである。経営者ではないマネジャーは、多くの場合、戦術の実行責任者であって企業の戦略を決定することはない。せいぜい部門戦略に参加する程度である。

だが、戦術責任者のマネジャーであったとしても、戦略眼を持つことは大事なことである。戦略の理解なしには正しい戦術は立てられないし、戦略の理解なしに部下に戦略の意味と戦術の必要性を説くこともできない。

戦略を正しく理解するには、現場の視点だけでは不足である。**戦略の正しい理解には、戦略を決定した経営者の視点を必要とする**。それが戦略眼を持つということだ。戦略の意味を説明できず、上からこう言われたからやるだけという姿勢では、いかに緻密な戦術を立てたとしても、部下の心に火は点かない。

戦略眼を持っているマネジャーは、上から見ていても頼もしい存在だ。

30代のうちから戦略眼を持つことは、その後のキャリアにとっても有利となる。先述したとおりマネジャーであれ、一般社員であれ、自分のいま置かれた場所だけから周りを見ていては、全体像をつかむことはできない。

戦術はいまいる場所からの視点だけでも、立案、実行は可能だ。しかし戦術レベルをもう1つ上げようと思うなら、もう1つ高い位置から自分の部署と自分自身を俯瞰する視点が求められる。経営者でなくても経営者の視点を持ったほうがよいのだ。

すれ違い目標とすり合わせ目標

目標には個人の目標と部門や会社の目標がある。

会社の目標とは、部門の目標、課の目標、チームの目標の総和である。仕事はチームでやるものだから、リーダーとしてはチーム全体で目標を共有して達成することが最も望ましい。

チームの目標達成の確度は、大地震とか大洪水のような特別の理由がない限り、目標を設定した段階でほぼ決まる。

達成しやすい目標か、達成困難な目標かという目標そのものの難易度という意味だけではない。**目標の達成度は、その目標を設定するプロセスに大きく影響されるのだ。**

物事は、正しいプロセスを経れば正しい結果が生まれる。目標設定はおおむね次の3つの型のどれかで行なわれているはずだ。

- **上意下達（トップダウン）型**　経営者が決めて、「これをやれ」と下知するスタイルである。天から降ってくる神の声だから、下界の人々はその意味を問うこともできないまま従うしかない。

・下意上達（ボトムアップ）型　現場から積み上げた数字を上（社長）が承認するスタイル。堅実で実効性も高い反面、狭い視野からの安全を旨とする発想に陥り、現状に毛の生えたほどの保守的な数値になりがちである。大きな成長発展は望めない。

・すり合わせ（ミドルアップダウン）型　上から降りてくるのが、企業の戦略上で必要な目標であるのはトップダウンと同じだが、現場はなぜその目標なのか、納得するまで議論することができる。すなわち目標設定のプロセスに、上下行ったり来たりの話し合いがある。

以上のうちで、望ましいのがすり合わせ型であることはいうまでもない。だが、現実には、すり合わせ型のプロセスで目標が設定されている企業は多くない。5％以下というのが私の体験的実感である。

リーダー・幹部研修会で、受講者に目標設定のプロセスについて質問すると、90％以上が上意下達型であると答える。上意下達型の目標設定では、現場はやる気が出ない。やりたい感、ワクワク感に乏しく、やらされ感、イヤイヤ感を感じているという声が圧倒的に多いのが残念な現実である。

目標の共有はリーダーの役割

すり合わせ（ミドルアップダウン）型の前提には健全な議論がある。意見が食い違うことは、日常茶飯事であると同時に望ましいことでもある。

そもそも経営者の考え（現場にやってほしいこと）と、現場の思い（現場のやりたいこと）とはすれ違うものである。このすれ違いを埋めていくには健全な議論を経るしかない。それにより溝を埋めることができる。

経営者がどんなに呻吟した挙句に立案した目標であったとしても、あるいは、現場が現状と現状をもとに、徹底的に練りぬいた目標であったとしても、これが絶対正しいという目標はない。

そもそも経営の世界を含め、世の中には「絶対」ということはない。１つだけあるとすれば、人は遅かれ早かれ「絶対死ぬ」ということだけだ。

絶対は無理でも、上下の相対的な落とし所をねらう。これが健全な議論の前提である。したがって、どこまで行っても平行線という議論をしてはならない。お互いに落とし所という譲歩の余地を持って臨むのが健全な議論のルールである。

管理者とは、上（経営者）と下（現場）の考え方や論理を双方に通わせる管（パイプ）の役割を果たす人である。それゆえに管理者というのである。管理が機能していない会社は、コミュニケーションの水はけが悪くなる。

部下と同じ目線で困難な目標に共感し、上位者の視点でその困難にチャレンジする意義を、部下に熱く伝えて上下の意思疎通を図ることが、リーダーという名の管理者の果たすべき役割である。

必要に応じて部下を説得するのはもちろんだが、場合によっては上を説得することもリーダーの仕事だ。上下を説得するためには理念、戦略の共有が大前提となる。

戦略の目的を深く正しく理解していれば、戦略を遂行しても目標を達成するために必要なことが目に見えてくる。

理念なき目標はノルマと化し、目標なき戦略は形骸化する。そして戦略なき戦術はデタラメと化する。

今日のリーダー、明日のリーダーを目指すあなたには、すり合わせ目標づくりをねらってほしい。

ビジネスパーソンの4つの悲しみ

いまはビジネスマン、ビジネスパーソンという呼称が一般的だが、そもそもどういう人なのか？　ビジネスパーソンのことを昭和の時代にはサラリーマンといった。サラリーマンとはサラリー（給料）をもらうからサラリーマンである。昭和の初期では多くの労働者は、仕事の量と質に応じて賃金を得ていたので、毎月定額の月給をもらうエリート社員のことを、一般労働者は羨望を込めて月給取りと呼んでいた。

ビジネスパーソンとサラリーマンの違いは何か。仕事をする人という点では同じだが、サラリーマンが会社の名刺で仕事をするのに対し、ビジネスパーソンとは自分の頭で考え、自分の足で歩き、自分の腕で稼ぐ人である。

サラリーマンは、会社という背景を失うとたちまちただの人になってしまう。同じ仕事をしていても、会社頼みで、会社に依存しているのがサラリーマンである。ちょっと間違うと「社畜」になってしまう。

一方、**ビジネスパーソンは自律、自尊の人であり、会社というステージで仕事をしてい**

ても、どう歌い、踊り、演出するかは自分自身で考え実行している。脚本も振り付けも自分自身だ。会社というステージを使って自己実現を図っているのがビジネスパーソンである。会社には、会社の成長発展に貢献することによりステージ使用料を支払う。会社からは自分の貢献に対する対価（給料）を受け取る。

こうして見ると会社と自分の責任は片務的ではなく、双務的である。

部下を悲しませるな、楽しませよ

確かな自信と強い意欲、高い志で仕事をしているビジネスパーソンであっても、組織の中で働く以上、ちょっとした不公平や間尺に合わないと思えることがあると、それが大きな心のダメージとなり、やがて会社に対する不信感を募らせることとなる。

私は、ビジネスパーソンにはその原因から4つの悲しみがあると考えている。原因とは次の「4つの不明」である。

第一に**「期待不明」**である。自分に対して上司や会社が何を期待しているかがさっぱりわからないと、物悲しくなり寂しくなる。

第二は**「評価不明」**である。上司の命令で取り組んだ仕事を予定どおりに仕上げ、結果を出したものの、その後、何の評価もフィードバックもされないという「やらずぶったくり」というのも、寂しく悲しいものだ。上司は自分に関心がないと思い込んでしまう。

第三は**「関連性不明」**である。自分の仕事が全社の中でどのような位置にあり、どんな貢献をどの程度しているのかがわかっていても、自分の出した成果が、自分の昇給や昇進とどんな関連があるのかがまったくわからない。これも寂しく悲しいことである。

最後は**「方向性不明」**だ。会社はいまどこにいて、これからどこへ向かうのかがわからないと、人は不安に思う。歌舞伎の「だんまり」と同じことで、闇夜の中で手探りで迷っている状態である。以上の「4つの不明」が悲しみの原因だ。

これら「4つの不明」を逆転することで、悲しみと寂しさは楽しみと喜びに変わる。

自分は部下に何を期待しているのか。部下のやった仕事をどう評価しているのか。会社はこれからどこに向かうのか。**上司がことあるごとに部下に伝えるグッドコミュニケーターであれば、部下のやり甲斐は否応なしに高まる。**

小さなことでも丁寧にフィードバックすれば、部下は上司の自分への関心が高いことに満足する。必然的にやる気や動機は高まる。

特に重要なのは「方向性」の明示である。これにより部下はトンネルの先に光を見出し、次の一歩を踏み出せる。

部下のやる気を高める正しい評価

部下にとっては、無視されて評価の対象にされないよりは、評価が低ければ低いなりに評価されたほうが、はるかにうれしいものだ。次に、公正でない評価で高く評価されるよりも、公正な評価で低い評価を受けたほうがましと考える。良かれ悪しかれ、評価基準が明らかに示されているということが大前提なのだ。

評価基準が明白で公平でないと、評価される側は不信感を抱く。したがって評価は正しい基準で公正に評価することがカギとなる。しかし人間が評価する以上、誰が見ても絶対に公平で正確な評価ができるかといえば、そこにあいまいな部分は残る。それが現実だ。

部下を評価するときに心得ておくべきことは、たとえ評価が低かったとしても、それで部下のやる気を阻喪させないことである。逆に評価が高いときには、それで部下が慢心することなく、さらにチャレンジ精神を高める評価でなければならない。

正しい評価には2つのポイントがある。

第一は、部下にとって評価されるとは、嫌なことではなく楽しいことであるという方向へ、評価に対する「評価」を改めさせることである。つまり**評価のベースを「批判」から「激励」へとシフトする**のだ。

第二は、**評価の重点ポイントを欠点ではなく美点に置く**ことである。上司は部下を評価するとき、美点を見つけほめるのである。これが部下評価における上司の基本動作となる。やった！　伸びた！　頑張った！　これが評価のトップに出てくる言葉である。**「最初はGOOD」**である。まずよい点やできた点についてほめる。

次に、こうすればさらによくなるというヒントを示す。具体的に何をしろとは言わないことが肝心だ。それが成長を促すアドバイスの基本である。

まずはほめ、叱りや注意は2の次、3の次である。優れた上司やリーダーは「8ほめ2叱り」を実践している人である。

部下を丁寧に見ているか

正しい評価とは定量と定性のバランスである。仕事の結果や実績は重要な評価対象であるものの、数字（定量的評価）のみでは底が浅い。過去の実績の評価に過ぎない。定性的な評価で部下の成長を促すことを忘れてはならない。

まだ結果につながっていなくても、伸びしろがどの程度拡大したかは部下を育成するうえでは重要な視点である。

チームワークの理解、他部門との連携、部下・後輩の育成、毎年新しいことにチャレンジしているかなど、定量的には測れないことでも、会社や部門、さらには人の成長には大きな要素となることが多い。これらは長期的な成長のタネとして評価の対象とすべきだ。ザックリ言うと**定量60%、定性40%くらいのウエイト付けが適切**だと思う。

私はかつて上司から、半年前と比べてどれくらい伸びたか、1年前と比べてどうなったかと、自分の評価を聞いたとき、上司がそこまで丁寧に自分を見てくれていたことに驚き、同時に感動もした。

このときの感動から、私は自分が上司になってから、定量に加え部下を定性的に見て評価することに努めた。意外に部下は、上司は自分に関心がないと思っていることが多く、私が1年前、半年前、3か月前と比較して伸びた点を指摘すると、素直に喜んでくれた。

評価システムで肝要なことは、繰り返しになるが評価基準が公正であること、そしてその基準が全社に公開され、透明性が高く、上司と部下で共有されていることである。

最悪な評価方法は、いわゆる上司の個人的な好み、好き嫌いで部下を評価することだ。この手の情実人事が、日本ではことのほか多いのが残念な現実でもある。

第3章

大局観を身に付けるためのポイント

原理原則とは大八車の舵である

大八車とは、江戸期から昭和の時代、戦後10年くらいまでは頻繁に使われていた荷車のことである。形状はリアカーに似ているが、リアカーのように荷台を囲む部分がなく、平板が荷台であり、荷台の両脇に車輪と縦にのびる梶棒《かじぼう》がついている。

大八車の語源は大きさが八尺だからとか、滋賀県大津の八町に由来するとか諸説あるが、諸説の1つでもある「大人が八人分で運ぶ荷物を載せられる車」というだけあって、相当な重量物も運んでいたようだ。

大量の荷物を運ぶときは、うまくいけば効率がよいものの、失敗したときにはそのダメージも大きい。大八車の舵取りは慎重であったことだろう。

企業経営も、うまくいったときは大きなリターンがある一方、失敗したときは大変な損害を被ることになる。失敗を避けるにはどうしたらよいか。現パナソニックの創業者で、経営の神様といわれた松下幸之助はこう言っている。

「成功する企業はなぜ成功したか。成功するようにやっているからだ。失敗する企業は、なぜ失敗したか。失敗するようにやっているからだ」

経営には、こうすれば会社は絶対によくなるという「絶対」はない。だが、こうすれば会社がよくなり成功する確率が高まるという規範（Norm＝ノーム）はある。**成功するやり方、失敗するやり方の規範、それが原理原則である。**

原理原則にかなったやり方が企業の成功確率を高めるためのノームで、原理原則にかなわないやり方が失敗するノームということになる。

迷ったときには原理原則に還る。これこそが失敗を避けるための「原理原則」である。

この原理原則は企業経営のみならず、個人の場合でも当てはまる。成功する人は成功するようにやっているから成功し、失敗する人は原理原則を学ぶことなしにやっているから、何をやっても埒が明かないのである。

プロフェッショナルはPROである

原理原則について、俳聖松尾芭蕉がこう言っている。

「不易を知らざれば基立ちがたく、流行を知らざれば風新たならず」

不易（時代が変わっても変わらない基本的なこと）を知らなければ、そもそも俳句にならない。といって流行（時代の変化）を意識しなければ、時代遅れのつまらない俳句となってしまうというような意味である。

時代が変わっても変わらない基本的な部分、すなわち不易が原理原則に相当する。原理原則に反していれば、新しい風も吹かない。

不易はきちんと守りながら、時と場合によっては流行も取り入れることにより、優れた俳句が生まれる。この考え方は企業経営にもそのまま当てはまる。『論語』には「子曰、温故而知新、可以為師矣」（子いわく、古きをたずね、しかして新しきを知れば、もって師なるべし）とある。

原理原則には普遍性と不変性があり、普遍性とは国や地域、業種、業界、企業規模を超越して、あまねく通用することであり、不変性とは時代や社会が変わっても変わらない一貫性である。

ここで成功するビジネスパーソンに共通する原理原則を挙げておこう。**「PRO」**である。

"Positive"――肯定的で明るく前向きな姿勢であること。

"Responsible"――自責の人であること。問題が生じたときに責任転嫁をせずに、自分の問題と捉える。問題は自分のもの、解決も自分のもの（I own the problem. I own the solution.）という姿勢の人である。

"Objective"――納得目標を持って追求し続けていること。

ＰＲＯとはこの３つの特徴のことをいう。プロとして通用する人は「ＰＲＯ」の人なのだ。

それでは、企業が成功するための原理原則は何か。

まず経営理念が明示され、"Working Tool"（経営、業務の判断上の道具）として使われていることだ。

次に顧客志向であること、つまり目がお客さまの方向に向いていること。さらに、視野や考え方が長期的であること、社会に対する貢献姿勢のあること、結果として適正な利益を上げていることである。

これらの条件を満たすことで、企業は"Profitable Growth"（収益性を伴う成長）を遂げることができる。

大義があれば大儀にならない

古代エジプトの話である。ピラミッドを造るために大勢の労働者が大きな石を運んでいた。他国から来た旅人が、石を運んでいる労働者に、「あなたはいま何をしているのか」と尋ねた。

１人の労働者は、「見ればわかるだろう。石を運んでいるんだ」とありのままに答えた。もう１人に訊くと「この先に建造物が見えるだろう。あれを造るための石を運んでいるんだ」と疲労感をにじませた声で答えた。

３番目に尋ねた労働者は、胸を張って誇らしげに答えた。「自分はいまエジプトの文明を築く事業に参加しているんだ」。

３人ともやっている仕事はまったく同じ「石運び」なのだが、３人目の労働者は「エジプト文明を築くため」という“Cause”（大義）を持っていた。

「我が物と思えば軽し笠の雪」という句（ことわざ）もある。石の重さは同じでも、３人目の労働者には石が一番軽く感じられたと思う。大義があると大儀にならないのである。

そこで質問。あなたは毎日何のために会社に行っているのか？　大義はあるか？
高い視座を持つことの重要性は、これまで再三述べてきた。
自分がいま何をしているのかを、自分がいまいる場所からしか見られない人と、一段も二段も上の高みから見ることのできる人とでは見える景色が違う。**見える景色は視点の高度によって変わってくる。**雄大な景色の見えている人は、現在の自分の立場が低いものであっても、それを卑下したり、悲観したりすることがない。

高高度からの視点を大局観という。

大局観のあるなしで判断は180度様変わりする。大局観がないと必然的に視野狭窄、視界矮小、近視眼的になり、目先の損得勘定で判断しがちになるからだ。とどのつまり、「短期は損気」という結果を招くことになる。

大局観があれば回り道も近道、損も得

明治維新の前夜、西郷隆盛と勝海舟の話し合いにより江戸城の無血開城が決まった。このときの条件として、幕府は自軍の持つ軍艦のうち半分を官軍に引き渡すこととなった。数日を経て官軍の担当者が艦船を受け取りに行くと、幕府は老朽艦ばかりを引き渡した。

官軍の担当者は、新造艦や良艦は手元に残し、使い物にならない艦船を官軍に押し付ける、幕軍の単なる数合わせのやり方に怒った。

この報告を受けた西郷は「文句があるのはわかる。もはや勝敗の大局は我らの勝利に決した。勝った我らが譲り、負けた彼らに良艦を与えるのが最も公平ではないか」と担当者を納得させた。大西郷の片鱗を感じさせる。

目先の些事、瑣末にとらわれていたら、こういう発想は出て来ない。

陽明学には「多長根」という考え方がある。**物事を考え、正しい判断をするためには多面的に、長期的な視点で、根本に戻って考える**という教えである。多長根は大局観につながる。

経営者でも大局観を持った人物は多い。明治期、今日の住友の基盤を築いた二代目総理事の伊庭貞剛《いばていごう》もその1人だ。

明治期は多くのことを海外から学んだ。住友でも積極的に社員を海外留学に派遣した。この社員留学生を送り出すとき、伊庭はこう言ったそうだ。

「住友は単に住友のために諸君らを洋行させるのではない。広く世の中のためにあれかしと希望しているからである」（住友グループHPより・文字遣いは一部筆者が変更）

つまり、海外で学んだことは住友のために活かすのではなく、もし他社のほうがより国や社会の発展に貢献できると思うなら他社へ行ってもよいと、帰国後に住友へ戻ることを求めなかったのである。伊庭の志は「住友の事業は住友自身を利するとともに、国家を利し、かつ社会を利するていの事業でなければならぬ」（同前）というものであったからだ。社員をアメリカのビジネススクールに派遣する際に「帰国後5年間は転職はしません」という誓約書を書かせる（一部の）日本企業とは雲泥の差がある。

伊庭はさらに言う。この国家と社会を利する事業が住友の単独資本だけでは不可能な大きなものであれば、「住友はちっぽけな自尊心にとらわれない、いつでも進んで住友自体を放下し、日本中の大資本と合同し、敢然これをやり上げてみようという雄渾な大気魄を、絶えずしっかり蓄えていなければならない」（同前）と、その見ている世界はどこまでも大きい。

大局観のある企業は、大局観のある社員を育てる。

一流人、二流人、三流人の違い

今日、世間で一流と称される人は、例外なく何らかの偉業を成し遂げた人である。一流の実績のある人が一流の人ということになっている。すなわち、世間でいう一流か否かは結果に対する評価なのである。

一流の結果を出しているから一流の人なのであって、一流の人だから一流の結果を出すという風には見られていない。世間が見ている一流の評価基準は、実績主義なのである。

一般的には、一流の人物といわれる人は往々にして年配者であることが多い。

30代でもスポーツや囲碁、将棋などの勝負の世界では一流プレーヤー、一流棋士と呼ばれることはめずらしくない。しかし、ビジネスの世界では、いまだ発展途上にある30代のビジネスパーソンは、経験も浅く、大きな実績も伴わないことが多いので、一流の人物と見られることはそれほど多くはない。

すでに自分は一流なのにと思っている人は、一流と評価されないことがもどかしい。

では、一流の人物でありながら、運やチャンスに恵まれないまま、世の中に埋もれているという人もいるのだろうか。もしいれば、結果を出せない一流人もいるということになる。世に隠れた天才、埋もれた天才といわれる人の話を聞くことがある。

しかし体験的にいえば、天才は世に出て人に認められるから天才なので、埋もれた天才というのは、実は天才ではないということになる。

運がなかった、チャンスに恵まれなかったというものの、本物の天才は袋の中の針と同じく、放っておいても必ず袋を貫いて頭角を現わす。それが天才である。

天才とは天から賦与された才能のことである。才能を生かすも殺すも当人次第。天才に偶然はない。運も含めて必然なのである。

一流の思考と言動が一流の人をつくる

隠そうとしても隠せないのが天才である。一流人も同様だ。人は必ず見ている。

一流人がいつまでも世の片隅でくすぶっていることはない。運のめぐり合わせで多少の時間的な遅れはあったとしても、いつか必ず結果を出す。太公望呂尚《たいこうぼうりょしょう》は70歳を超えて周の文王に見出された。宮沢賢治は、生前はまったく世間から相手にされなかったが、彼が自費出版した詩集は夜店で詩人草野心平に見出され、世に出るきっかけを得た。

世間の多くは結果しか見ていないが、一流人の出す結果は出るべくして出ているのである。したがって世間から一流と見られることを求める必要はないが、一流たらんと努めることはきわめて重要なことなのだ。

中国明代の思想家、呂新吾《りょしんご》は『呻吟語《しんぎんご》』の中で、一流から三流までの違いを述べている。「深沈重厚なるはこれ第一等の資質、磊落《らいらく》豪雄なるはこれ第二等の資質、聡明才弁なるはこれ第三等の資質なり」。『呻吟語』からも漏れているような、愚かで弁も立たないということでは第四等の資質となる。

一流の人物は物事を深く考察し、重厚な性格ということになる。重厚の反対は軽薄だ。流行にもてあそばれる軽薄さでは一流にはなれない。一流にはなれなくても、二流程度には進みたい。二流の条件は、物事にこだわらず明るく器が大きいということである。

一流になるためには一流の考え方、言動を習慣化することが肝要となる。正しい理念、使命感、価値観を持つこと。才に加え徳を磨くことに努めるべきだ。才と徳に優れた人を大人《たいじん》、君子と呼ぶ。**自分を一流に育てたい人は、一流の人と付き合い謦咳《けいがい》に接すること**だ。

「人とは、その人がいままでの人生の中で触れたすべての人の総和である」という言葉がある。自分がだれと触れ合うかで、良かれ悪しかれ大きな影響を受ける。一流の人の言動を間近で見て真似ることは有効である。〝真似る〟は〝学ぶ〟に通じる。

3つの「識」

人間には3種類の「識」がある。**知識、見識、胆識**である。

まず知識豊富な人。物知りといわれる人で、いわゆる博学多識といわれるタイプだ。テレビのクイズ番組でもよく見かけるとおり、世の中に多いのがこのタイプである。

次が見識のある人。知識だけでなく、自分自身の経験に基づいた洞察力も持っている。自己が確立した人で、発言にも揺らぎがない。ただ残念ながらそうおいそれとどこにでもいるという人ではない。

最後が胆識のある人。**見識があるだけでなく、決断力と実行力が伴った人**である。企業を率いるトップには、この胆識が求められる。

では、そもそも知識、見識、胆識とは何かということになる。

知識については説明が要らないだろう。新聞、雑誌、本を読んでも、インターネットからでも得られる。知識は洪水のように世の中にあふれている。

見識とは知識プラスPOV（Point Of View）である。知識や経験に基づいた自分なりの考えや見解が加わったものが見識である。

胆識とは「見識＋決断力＋実行力」である。この言葉は陽明学から来ている。「知って行なわざるはすなわち知らざるなり」という考え方が陽明学の基本である。

知っていても実行しなければ知らないのと同じだ。だから実行を重視する。**リーダーとは人を通じて結果を出す人**だから、ただの物知りでは何の役にも立たないことになる。肝心なのは正しいことを実行することである。

正しいことをやるうえで、知識や見識も大事な要素となるが、知識には思いのほかやっかいな副作用もある。知っているがゆえに害となるのだ。

物知りの限界

「物識りの道に疎きことは、東に行くはずの者が西へ行くがごとくにて候。物を知るほどに道には遠ざかり候」（江南禅《こうなんぜん》師《じ》）という。

物知りといわれるような人は、その場その場の知識ばかりを優先するので、かえって道（原理原則）に疎くなる。それは、あたかも東に行くはずの者が西へ行くようなものだというのである。

物知りは聖人賢者の言行について、書物を読んで学び自らの知識とする。それが高じると頭でっかちとなり、知識だけですでに自分が聖人賢者と同様になったと錯覚し、普通の人を自分より劣った人と見下しはじめる。こうなっては道（原理原則）から離れるのは必然である。

聖人の聖はひじりと読む。ひじりとは元来「非知《ひじ》り」である。聖人とは、すなわち非を知る人だ。自分の非を知ることが大切なのである。

にもかかわらず、ほんのわずかな知識を得ただけで、自分を聖人賢者のごとく思い込むようでは、聖人賢者の本を読めば読むほど、かえって聖人賢者から遠く離れていってしまうこととなる。江南禅師の教えはおおむねこういうことだと思う。

知識を鼻にかけた人ほど嫌われる人はない。知識は、自分の非を知るための鏡としなければいけないのだ。**知っているとは自分が何を知っているか、何を知らないかの区別がつくこと**である。

自分の無知や非を知ることで見識が磨かれる。見識に磨きをかけることで胆識が高まる。行動の質は胆識で決まる。見識は正しい知識の積み重ねの結果である。リーダーたる者、クイズレベルの浅はかな知識の量ばかりを意識することなく、思考と行動の質に注意を向けるべきだ。

人物鑑定の3つのポイント

人は無意識のうちに初対面の相手の人物を鑑定している。いわゆる「人を見る」という行為である。このとき、83ページで述べたメラビアンの法則によれば、最も人物評価に影響する要素が「見た目」ということになる。

経営者にとって最も重要な能力の1つに「人を見る目」がある。「見る」は"See"ではなく「見抜く」(See Trough)である。これを「眼力」という。

人を見る目を問われるシーンはたくさんあるが、その中の1つに採用のときの面接がある。

採用ではほとんどの場合、応募者も採用者も、お互いが初対面。限られた情報から相手の資質や適性を見抜かねばならない。

採用で、初対面の人物を鑑定するときには3つのポイントがある。

1つは、**あらかじめ求める人財像を定めておくこと**である。どんな人物像がわが社にとって望ましい人財なのか、人財の条件や資質を整理し、紙に書き出しておくとよいだろう。

人を見るときの基本中の基本である。

2つめのポイントは、**第一印象を軽んじないこと**だ。

人を見るときには、最初の印象に大きく影響されるという。人の評価は最初の5分間でほぼ決まるという。

最初の印象が先入観となって正しい評価を邪魔する場合もあるが、往々にして第一印象は当たることのほうがはるかに多い。

武士道を説いた『葉隠』には、「古人のことばに七息思案といふことあり。分別も久しくすればねまる」とある。「ねまる」とは腐るという意味だ。いくら熟慮が大事といっても、分別も時間をかけてばかりいては質が落ちるものだというのが『葉隠』の指摘である。

最初の5分間で下した判断は、その後30分、40分と考え続けて出した結論と変わらないともいう。

眼に光、顔に輝き、声に張り

はじめて会う人がホンモノかニセモノかを見抜けるかが3つめのポイントであり、このポイントを外さなければ、人物鑑定を大きく間違うことはない。

具体的には、私は次の3点を見ていた。**「眼に光、顔に輝き、声に張り」**である。理念・信念の強さと正しさ、使命感や意志の強さ、自信や意欲の強靭さ、将来に向かっての可能性はこの3点に現われる。

以上はホンモノの特徴といえるが、ではニセモノにはどんな傾向があるのか。基本的にはホンモノの逆がニセモノということになる。つまり眼は曇り、顔の表情はどんよりと暗く、声はくぐもってボソボソとしか聞こえないという人物である。こういう人はお引き取り願ったほうがよい。

採用面接では次のような質問もする。

- いままでのビジネス人生の中で失敗の経験はあるか。失敗から何を学んだか
- 10年後にどんな人間になりたいか
- 目指す自分になるための長期、短期の目標と実行計画があるか

「失敗は成功の母」である。失敗ほどよい学習機会はない。ホンモノはこのことを痛いほど理解している。失敗から学んでいる。

だから先に期待が持てる。

夢や理想を持っていることも人の大きな伸びしろである。ただ夢を持っているだけでは、夢見る夢子さんで現実世界では三流止まりだ。

夢や理想は時限設定のある行動計画をつくって、はじめて息吹が通ってくる。だからこそ、長期と短期の納得目標と実行計画が必要なのだ。

以上の人物鑑定基準に加え、採用では取引先や知人、あるいは社員からの紹介という方法もある。

紹介はある意味で期待できる。いわゆる「リファラル」(Referral)である。

“Birds of a feather flock together.”(類は友を呼ぶ)ということがあるからだ。

一流の人が紹介する人物は、一流の人であることが多い。また、企業理念の共有度の高い社員から紹介された人物も期待できる。

反面、ダメな人から紹介される人はおおむねダメな人である。

穴熊になるな、猟犬になれ

「すべてのチャンスは外にある。内にあるのはコストのみ」とはピーター・F・ドラッカーの言葉である。**すべてのお客さまは社外にいる**。したがって、**トップ以下、全社員の視線は重点的に外に向かっていなければいけない**、ということだ。

ところがサラリーマンの悲しい性で、ついつい社内ばかりを見てしまう。支社・支店の人間は顧客よりも本社に注意が向かう。組織に働く人間にとって最も関心の高いことは、いまも昔も、組織にとって最も内向きなことである人事だ。

人事の季節になると、どこの会社でも社内がソワソワしはじめるものだ。

しかし、企業であれ役所であれ、外に向かうことなしに組織の存在理由はあり得ない。この原理原則を忘れては、組織が成り立たないことはいうまでもないだろう。

社長が社長室に閉じこもって、一歩も外出しないような会社では成長が危ぶまれる。リーダーが自分のデスクから離れず、部下を呼びつけるだけのチームも弱い。

ヒューレット・パッカード社がＭＢＷＡ（Management By Walking Around）、歩き回る経営を標榜したのも、それが組織を強くし企業を健全に成長させる方法と信じたからである。

社内にヒラメ社員が増えて横行するようになると要注意だ。それは穴熊組織になった兆候である。ヒラメ社員とは、目が上に向かってついているヒラメのように、上役ばかりを見ている社員のことである。

上が気になって仕方がない社員は、外に出たら不安で仕方がないのでいつも社内にいてじっと上司の顔色をうかがうこととなる。

大将は打って出よ

リーダーは穴熊であってはいけない。猟犬であるべきだ。リーダーが猟犬であれば全体が猟犬組織となる。だからリーダーは率先して外に出るべきだ。

ところが往々にして、大将は陣幕の一番奥にでんと構えているものだ、そのほうが兵は安心するという考えが根強くある。

大将が真っ先に敵陣に駆け込んでは戦にならないというのだ。

大将のクビを取れば勝ちという時代の戦であれば、たしかにそうかもしれないが、そんな時代の戦でも、大将が前線に出て指揮を執った例はいくらでもある。

モバイル機器が整っている現代にあっては、トップはどこにいても意思決定ができる。トップが社長室に閉じこもっているようでは、生きた情報は入って来ない。情報は現場から離れれば離れるほどスピードと鮮度と確度が落ちる。現場から社長室に届くまでに時間がかかり、途中でいくつものスクリーニングを経るからだ。

スクリーニングのたびに、担当者の思い込みや思惑によるバイアスがかかる。いわば加工されるのである。さまざまな思惑によって加工された情報は、下手をすると原型をとどめない恐れもある。

トヨタの3現主義のように、**情報は現場・現物・現実主義でなければならない**。つまり現場までトップが足を運ばない限り、正しい情報は得られないと考えるべきだ。

現場の中でも、最も大事な現場はお客さまのいるところである。トップがお客さまのいる現場を知らずに経営はできない。だからトップは率先して外に出るべきなのだ。

社内の事務処理を担当する部門からは、よく社長がいない、支社長がいない、支店長がいないと仕事が止まって困るという声が上がる。

しかしこういう声は、次項のテーマである、木を見て森を見ない発言だ。

トップがお客さまの現場を知らなければ、売上は立たない。売上が立たなければ、社内の事務処理も何もあったものではないからである。

木を見る前に森を見よ

よく「木を見て森を見ず」という。目の前の些末な現象ばかりに気を取られて、全体を見ることを忘れている状態である。または、そうなることを戒めた言葉だ。

英語では“See the forest before you see the trees.”という。

視野狭窄に陥るのは、前項の社内の事務処理担当者のように、目先の自分の仕事しか見ないせいである。自分の仕事というタコツボに入り込んでしまっているために、視界を壁で遮られているのである。

自分の仕事だけでなく、会社全体に視野を広げ視座を高くすれば、自ずと森全体が見えてくるものだ。大局観のある人は目配り上手、気配り上手でもある。二宮尊徳の言うように、農家でも実を見て実の出来具合を思うのは二流で、実を見て、その実の成った木のことを思うのが一流ということになる。

木が健全でなければよい実は成らないからである。

目の前の現象だけでなく、そこに至るまでの経緯、因果関係に注意を向けることで見え

ないものが見えてくることがある。自分の処遇も、いま自分がいる位置で、足元ばかりを見ていてもわからない。自分自身を全社的な視点から見直してみると、いままで気がつかなかったことが見えてくるかもしれない。

とはいえ、目の前にある現象はだれにでもはっきりと見えるものの、全体を俯瞰するというのは、そう容易にできるものでもない。想像力を必要とするからだ。

どうすれば見えない全体を想像し、見える化できるのだろうか。

大局観のカギも原理原則にある

木を見て森を見たというケースを挙げてみよう。

80年代の日本で、社会現象になったほどのブームを起こしたソニーのヒット商品「ウォークマン」は音楽を携帯するというコンセプトだった。

携帯するためには、まず小型であること、再生専用なので録音機能を外し、そのぶん、音質を上げることに集中した。

道具が使い勝手がよく、持ち運び自由であることは望ましいことだ。それが人の本能だからである。本能から求められる商品がヒットするのは当然だ。

そして、それが原理原則でもある。

音楽は固定されたステレオで聴くというのが、当時目の前にあった現象である。しかし人々は、音楽を携帯できる道具があれば携帯したい。それが本能だ。

当時のソニーの開発者は、固定されたステレオという木を見て、音楽を持ち運びできるものなら、常時聴いていたいという人の本能、すなわち森を俯瞰して音楽を携帯するというコンセプトの商品を設計したのである。

固定電話が携帯電話になったのも、デスクトップパソコンがモバイルになったのも、ウォークマンと同様、それが原理原則に叶ったことだからである。

目の前で起こっている現象から、その背景にある大前提を想像するときには、原理原則を手がかりにすることが最も確実である。

たとえば株価が異常に高くなっているとき、ただ上がった、上がったと喜ぶばかりでなく、株価という木を見て、その背景にある森にも注意するべきである。森とは株価の原理原則である。

本来、株価とは企業業績を反映するものである。コロナ禍で企業業績が振るわないのに、株価だけが高いというのは原理原則に反している。つまり、いつ暴落するかわからない危うさを含んだ相場ということになる。

積極傾聴の効用

一般的に「聞く」と書くことの多い「きく」という行為には、３つの漢字が当てられる。「聞く」と「訊く」、それに「聴く」である。

それぞれ「きく」ことだが、「訊く」は訊問という言葉があるように、質問や尋ねることを意味する。

「聞く」は意識して聞いていることもあるが、漠然と聞いている状態も含む。「聴く」は、神経を総動員して聴いている状態である。聴くときに動員する神経は聴覚だけではない。聴という字を分解すればわかるとおり、聴くときには耳と目と心で聴いているのである。

対して「聞く」は、門の中に閉じこもって耳だけを使って聞く。

「よく聴く」という行為を英語では“Active Listening”または“Generous Listening”すなわち積極傾聴という。

これも、耳だけでなく目と心も使って聴くということだ。漠然と聞くのと積極傾聴ではどのような違いがあるのか。積極傾聴の効果は3つある。

- 積極傾聴で相手の話を聴くとき、相手は自分の存在が認められていると感じる。人は自分を認めてくれる人を認める。そこにはよい人間関係の第一歩がある。
- 話し手は自分が尊重され、認められていると感じれば、聴き手に対して好感を抱く。
- 積極傾聴は相手の話を促すので、より相手のことを理解することができる。

つまり、**積極傾聴は相手の話を理解するのみならず、相手とよりよい人間関係を築く糸口にもなる**のだ。

ビジネスとは機械やコンピュータがやるものではない。人と人との心の触れ合いでやるものである。

人間関係づくりがお粗末な人は、リーダーにはなり得ない。せいぜい1人も部下を持たない専門職（スペシャリスト）止まりだ。

聴くだけで相手が改心

聴く力の持つ威力が発揮された逸話がある。

天真爛漫な生き方と書画で有名な良寛禅師が諸国を旅していたときのことだ。良寛禅師は旅の途中で、ある庄屋（村の長）のところに投宿した。

良寛さんを迎えた庄屋には跡継ぎの息子がいたが、この息子の放蕩に頭を悩ましていた。そこで高僧である良寛さんに説教をしてもらえば、すこしは放蕩ぶりが改まるのではないかと、良寛さんが滞在する間、息子に説教をしてほしいと庄屋自ら願い出た。良寛さんはふたつ返事で快諾し、早速その晩に息子が良寛さんの泊まる部屋に呼ばれた。

次の日も、そして次の日も息子は良寛さんの部屋へ呼ばれ、長い時間を過ごした。

ところが息子の説教を頼んだはずなのに、良寛さんはいっこうに説教らしい説教はせずに、ただ息子のグチに近いような話にうなずくばかりだった。

そして四日目の朝、良寛さんは旅立ってしまった。

高名な僧だからと思って説教を頼んだ庄屋は、何もしてくれないまま旅立ってしまった良寛さんにガッカリした。

ところが良寛さんが旅立ったその日から、放蕩三昧だった息子の態度がガラリと変わった。これまで庄屋が、口を酸っぱくして仕事をしろと言っても、まったく動こうとしなかった息子が、突然仕事に精を出すようになったのである。

庄屋の息子は、自分に自信が持てず自暴自棄になっていた。放蕩三昧はその結果である。息子は、良寛さんのような立派なお坊さんが、自分の愚痴に近い話を丁寧に聴いてくれたことで、いままで失われていた自己肯定感、自己重要感を取り戻したのだ。

良寛さんの積極傾聴が息子をやる気にしたのである。だから、**リーダーは部下の話を積極傾聴することが基本動作**なのである。

ザックリいうと、上司は部下に対して「8聴き2しゃべり」くらいの比重でコミュニケーションをとることが望ましい。

しゃべるよりは聴くほうが、4倍も大切だということである。「巨耳細口」である。

ところが、多くの会社の中には「1聴き9しゃべり」、ひどい場合は「0聴き10しゃべり」という上司がはびこっている。

これでは部下のやる気、動機は高まらない。

自信・過信・慢心・傲慢・破滅の悪連鎖

リーダーには自信が必要である。自信がなく青い顔をしているリーダーでは、フォロワーは安心して後をついて行くことができないからだ。

だが、自信が自信のままとどまっているうちはよいが、過ぎたるはなお及ばざるがごとしというように、自信が高じるうち、ともすると過信となり、やがて慢心に変わり、傲慢へと悪化する。そしてその先にあるのは破滅だ。

こういう悪の連鎖は、できるだけ早い段階で断ち切らなければいけない。

しかし「権力は腐敗する。絶対権力は絶対に腐敗する」(アクトン卿)といわれるとおり、権力が腐敗へ向かうように、自信もまた過信・慢心・傲慢へと向かう。自信とは坂道の途中にあるのだ。自信が大きければ大きいほど、その傾斜は急となる。

佐賀藩の藩祖・鍋島直茂公の言葉に「我が気に入らぬことが我がためになるものなり」とある。**自信と過信・慢心・傲慢の連鎖を断つには、異論、異見、諫言に積極的に耳を傾けること**である。つまり、自分の耳の痛い話に積極的に耳を傾けて聴き入れることだ。それが自信を自信のままにとどめておく方法である。

成功することは素晴らしいことだが、怖いことなのである。成功すればするほど自信が過信を生み、慢心と傲慢に悪化し、ついには破滅する。自信が過信や慢心に増幅するのを避けるための手立てが「聞く耳と学ぶ心」である。

自信を持つのは若いうち、ベテランになったら…

若いうちと武芸は、大高慢でなければものにならないという。『葉隠』にそうある。若いうちは実績に乏しいから、なかなか大高慢にはなれないものだが、俯《うつむ》いてばかりいては大物にはなれない。実績はなくても、「我こそは日本一のビジネスパーソン」と、根拠のない自信を持ってよい。

根拠のない自信とは、自分はデキル、デキルという自己暗示である。自信とは自分を信じることだから、自分はデキルという自己暗示を疑ってはいけない。自己暗示は自信の淵源だ。根拠なき自信であっても、自信を持って、目標に向かって取り組んでいるうちに必ず実績はついて来る。実績が積み重なることで実力が認められるようになる。

スキルであれば、正しい学び方をすれば一定の水準まで上げることができる。しかしそこから先、さらに自分を高めるためには、スキルに加えマインドを高めなければならない。「デキルデキタ人」になるのだ。なまじデキルという人は、他人の粗《あら》がよくわかり、欠点を見つけては指摘する。いわゆる粗探しをする。

人が失敗するのを見ても、自分ならあんな失敗はしないとあざ笑う。こういう人が周囲から好かれるはずはない。

人に好かれないことには、自分1人がどんなに優秀であっても、仕事にならないことは自明である。ましてこういう人物がリーダーでは、喜んで後について来る部下（フォロワー）など1人もいない。それでは実績を上げることは不可能である。

自己暗示により自信を養い、努力により実績を上げて実力を認めさせても、マインドが伴わないことにはそこから先がないのだ。自信を持ったときにこそ必要なものが、その先に待ち受けている陥穽まで見通す大局観と先見性である。

デキルというだけの人の自信は唯我独尊へと走り、異論、異見、諫言を嫌い、耳の痛いことを進言する人を疎んじて遠ざける。1人去り、2人去り、3人去り、その結果、ある日気づいたら自分の周囲にはイエスマンしか残らない。

周囲にイエスマンしかいないリーダーは、裸の王様となる。自分を滅ぼし、部門を滅ぼし、ついには会社を滅ぼす。

宿命と運命

自分はついている、ついてないという言葉を聞くことがある。物事がうまくいかなかったのは不運だからで、うまくいったのは運がよかったからというのは一般的な考え方である。運、不運は存在し、人生は宿命や運命に大きく影響されているように見える。

宿命、運命の違いは何か。宿命とは、人がこの世に生を受けたときに、すでに決められた定めである。対して運命は、文字どおり運んで来ることができる。第1章でも述べたが、ジャック・ウェルチは“Control your destiny, or someone else will.”と言った。「自分の運命は自分で支配せよ。さもないと誰かに支配されてしまう」という意味だ。

「一流、二流、三流」の項でも述べたが、運が悪いから認められないのではない。実績がないから認められないのだ。一流の実績を上げていて、なお認められないのであれば不運といえようが、一流の実績を上げていればほとんどの場合一流と認められる。

「これほどの努力を人は運といい」（川上哲治）

川上哲治とは、昭和の時代に読売巨人軍のＶ９を成し遂げた名監督である。戦後間もないころ、昭和20年代の日本のプロ野球スターでもあった。「ボールが止まって見えた」という名言の持ち主でもある。この名言が生まれた背景には、川上の鬼気迫る猛練習があったといわれる。昼間の練習の後、毎晩重ねられた素振りを経て、ある日ボールが止まって見えたというのである。こういう逸話のある川上だから、血のにじむような努力の結果を、単に運がよいだけと片付けられることに対し、理不尽な！　という思いがあったのかもしれない。この句は、運がよいといわれる人々の本音であろう。

幸運の女神は運任せの人には微笑まない

運がよいだけでは、宝くじや万馬券を当てることはできても、長い時間をかけて実績を築き上げることは不可能だ。持続性も再現性もない。運がよかっただけの歴史上の人物はいないし、運がよかっただけで名経営者といわれた人も見つからない。一時期は業績を上げ、無責任なマスコミから「名経営者」ともてはやされても長続きはしない。

運に恵まれる、恵まれないということはあるにせよ、ひたすら神頼み、仏頼みでは何も変わらない。**幸運の女神が微笑むのは、受け身の人ではなく積極的なチャレンジを続けてきた人にだけ**である。

自分のほうへ運を引き寄せる、運をよくするための「新流《あたらし》の5ポイント」はこうなる。

・**自分は運がよいと思い続ける**　健全な自己暗示である。不運のときも、それが幸運をつかむチャンスと捉える。不運にしてうまくいかなかったときにも、やってはダメなことが、また1つわかったのは幸運だと捉えるうちに、必ず成功の女神は訪れる。

・**運をつかむ**　運がめぐってきても気づかない人がいる。気づいてもつかめない人がいる。気づいたうえでつかむ人がいる。つかまない運は無きに等しい。

・**運のよい人と付き合う**　運のよい人と付き合うことで、運気を分けてもらえる。運に恵まれた人と付き合うことで、彼らが単に運任せで行動しているのではなく、運がよくなる、つまり結果が出るような行動をしていることがわかるはずだ。それを真似ればよい。

・**3人のメンター（人生の師）を持つ**　これは先述したとおり、よい人生の原理原則である。3人のメンターを持てばその人の人生はバラ色となる。

・**学び続ける**　これもよき人生づくりのための鉄則である。不運を嘆かず、不運にさえ学ぶ姿勢が運を運んで来る。運任せの人は結果しか見ないから、幸運からも不運からも学ばない。伸びる人は学ぶ人である。不運でも、それを学ぶチャンスを得た、ラッキーだと捉える人に不運はない。幸運を呼び込むために風水に凝ったりすることも、人に迷惑をかけなければ否定すべきではないが、それよりも先にやるべきことがある。

自己投資に時間とカネを惜しむな

人は活動を怠ると停滞するのではない。退行するのだ。人の筋肉も、神経も、頭脳も同様である。鍛えなければ、どんどん弱くなる。

不動産や株であれば、放っておいて値上がりすることもあるが、人間の能力はそうはいかない。何のメンテナンスもしないまま放置しておけば、増価するどころか減価するのが人間の能力である。自分の価値（Value）を上げ続けないと、漕ぎ続けていないと飛べない人力飛行機のようなもので、やがて墜落してしまう。自分の価値を高めるためには、自己投資を惜しんではいけない。

自己投資に関して新流アドバイスを示すと次のようになる。

・**手取り収入の5％は自己投資せよ**　毎月の手取り額が40万円の人は月に２万円、年間の手取り収入が６００万円の人は30万円を年間の自己投資にあてるべきである。

・**１日１時間は読書の時間とせよ**　１日１時間は１年だと３６５時間になる。読書に慣れてくると、３６５時間あれば１００冊は読める。10年続けると１０００冊となる。この累積効果は絶大である。本を読まない人はダメな人である。本だけ読んで仕事をしない人は、もっとダメな人だ。

・自分よりも優れた人と付き合うこと　少なくとも月に1回以上は、自分よりも優れた人に会う機会をつくるべきである。「ダイヤモンドはダイヤモンドにより磨かれ、人は人により磨かれる」という。優れた人に会うと自分に磨きをかけられる。クズと付き合うと自分もクズになる。

・ときどきは外部の勉強会や講演会に出席すること　社員同士でかたまらずに違う企業、業界の人の話を聴くことにより、刺激を受けることができる。

・年に一度は自分の能力の棚卸しをせよ　自分の持っている能力の「在庫」を評価し、在庫が不足しないように積み増しをしよう。

先述のとおり、人が自分の能力をプロとして通用するレベルまで引き上げるには、1万時間を要する（フロリダ州立大学のアンダース・エリクソン教授「1万時間の法則」）。毎日、読書を含む2時間の自己啓発を10年続ければ、おおむねプロとして通用するレベルにまで達する。したがって、自己投資のスタートは50歳からではやや時間が足りない。やはりどんなに遅くても40代から、できれば30代からはじめたほうがよい。

ちなみに、私が自己投資を意識的にはじめたのは32歳のときだった。

アメリカのエリートは自宅で猛勉強する

アメリカを代表するトップ企業で最年少役員を務めている友人がいた。私とは業種の異なる世界にいたが、お互いにウマが合った。彼もまたアメリカ人らしく、5時になったらさっさと家に帰るタイプで、外ではあまり飲食もしなかった。そのため私との付き合いは、お互いの家を行き来し、夕食をともにするという形であった。

そんなある日、彼の家へ招待されたとき、彼がはじめて自分の書斎を見せてくれた。書斎を見て驚いた。そこには、会社にあるよりも、はるかに多くの資料や情報があり、会社にはないような世界中の研究書がうず高く積み上げられていた。アメリカ人はさっさと家に帰り、スポーツをしたり、家族団らんを楽しんでいるのかと思っていたが、一流のエリートは家に帰ってから、会社にいるとき以上に勉強していたのである。

その勉強量が、1日1時間というようなやさしいものではないことは、彼の書斎を見れば明らかだ。これがアメリカのエリートの底力かと、目からウロコが落ちた思いがした。負けてはいられないと、改めて思ったものである。

会社創りは人創り、人創りは自分創り

人は仕事でつくられる。結果責任を伴う仕事、すなわち修羅場を経験することで人は磨かれる。

したがって、会社で仕事をする人にとって、会社とは自分を育てる場所に他ならない。学校で学ぶ期間は長くても20年足らずである。それに対して会社にいる期間は、途中に転職を挟んだとしても30年以上、40年以上に及ぶ。

会社とは、この世で最大で最長の教育機関と見ることもできる。

「寄らば大樹の陰」で、大企業に入れば人生は安泰、もう勉強はしなくてもよい、ただ周りに合わせて流されていればいいと安穏に構えていたら大間違いだ。学校で学ぶよりも、会社に入ってからの時間のほうがはるかに長いのである。

企業は人なりという。企業をよくするのも人、悪くするのも人である。優れたリーダーや人財が育たずに、企業が成長することはあり得ない。これが原理原則である。

ＣＳ（顧客満足）はＥＳ（社員満足）で決まり、企業の品質は社員の品質によって決まる。自分の会社をよくしようと思ったら、自分のスキル（仕事力）＋マインド（人間力）に磨きをかけて自分品質を向上させるしかない。

社員の品質は上司や社長の品質で決まる。リーダーが**よいチームづくりをしようと思うなら、まず自分がよいリーダーになること**が先決である。

リーダーが自身の品質を上げれば、時間の経過とともにフォロワー（部下）は感化されてフォロワー品質が高まる。"To do good" である前に "To be good" つまり、よいことをなす前によい人でなければいけない。

よい人とはインテグリティ（高潔さ、誠実さ）の高い人、人格の高い人である。よい人が、よい結果を出すというのが因果関係というものである。原因がないのに結果が出ることはない。

物事には順序というものがある。人の品質が上がらないのに、製品やサービスの品質が上がり、企業がよくなることはないのだ。

みんなの成長は自分の成長

チームをよくしようと思うなら、やはり「まず隗よりはじめよ」である。

良寛さんのように、黙って人を感化するホンモノの積極傾聴を身に付けることを心がけるべきである。

私は部下とのコミュニケーションでは「8聴き2しゃべり」を心がけた。リーダーの言うことを部下は黙って聞く。相手が黙っているのをいいことに、人はついついしゃべりすぎるものだ。

繰り返していうが、人はちょっと油断すると「2聴き8しゃべり」に陥る。ひどいときには「0聴き10しゃべり」という有害でしかないことさえやってしまう。

部下の話に耳を傾けるという簡単なことでも、意識をしていないとできない。しかし、それが習慣となったときには、やがて部下もまた人の話に耳を傾けるようになる。人の話に耳を傾ける集団は、お互いを尊重（リスペクト）し合う集団であり、お互いを尊重し合う集団は自由にものの言える、スピークアウトのできる集団となる。

よいリーダーがよいフォロワーを創り、よいフォロワーがよいチームを創り、よいチームがよい会社を創る。そしてよい会社がよい業績を上げるのである。

そのためにリーダーは大局観を磨き、才を磨き、徳を磨くことが大切なのだ。

心血を注いで育てた部下が、一人前になっていく姿を見るのは、私にとって何よりの喜びであった。

そうしてフォロワーの成長を見ているうちに、気がつけば自分もまた成長していることに気づくことがある。**人を育てるということは、実は自分自身を育てることでもある**のだ。

会社をＧｏｏｄにするためには、その前に自分がＧｏｏｄでなければならない。

第4章

ピンチをチャンスに変換する決め技

快適ゾーンをぶち破れ

うまくいっているときはチームを変えるなというのは、団体スポーツ競技で鉄則のようにいわれることである。

順調に進んでいるときに、メンバーを変えたり、やり方を変えることはリスクが大きい。下手をすると、せっかくの“Momentum”（勢い・はずみ）を悪いほうへ変えてしまう。しかし、**物事が順調に運んでいるときであっても、あえて変えるのが改善であり、革新である。**

うまくいっているのになぜわざわざ変える必要があるのか。いまのままでよいのではないか——。改善を要求された現場からは、こうした苦情が上がってくるものだ。こうした苦情は一面で正しい意見でもある。

改善が企業文化として根付いているトヨタは、新型コロナ禍で、世界が不況におおわれたなかにあっていち早く業績を回復させた。

改善・革新とは、そこにいれば安泰なのにという“Comfort Zone”（快適ゾーン）から人を押し出す効果がある。**自ら変化を創り続けることで、快適ゾーンにとどまり続けること**

を許さない。快適ゾーンから出ざるを得ない状況をつくり、常に変化に身を晒すことによって、高い変化対応力を身に付けることができる。

改善を続けることによって、組織も人も快適ゾーンから飛び出し、外気に触れることで鍛えられる。快適ゾーンから脱却することは、いわば緊急事態ともいえるウイルスの襲来に対しても、耐えられる「免疫力」を持つための特効薬ともいえる。

タコツボにいたら見えないもの

快適ゾーンとは、社員同士が支え合う組織や構成する個人にとって家族のように大切な世界である。ぜひ大切にしたい。だが、快適ゾーンは同時に危険ゾーンでもある。

快適ゾーンは心地よいゾーンだが、反面タコツボでもあるからだ。

タコツボはタコにとって居心地がよいため、そこから出ることができず、出ようともしない。社内の居心地がよいことは、色々な意味で恵まれているものの、会社の外へ出なければ得られないものも多い。

快適ゾーンは文字どおり快適でのんびり、ゆったりできるが、同時に、そこに居続けることで失うものもあるのだ。それが危機への対応力であり、危機を素早く察知する感性でである。純水を徐々に冷やしていくと、零度以下になっても凍らずに、液体の状態のままでいる。外から見る限り水のままだが、温度は氷点下である。これを過冷却水という。

過冷却水は少し振動を与えるだけで、たちまち氷になってしまう。本来、氷であるはずのものが、液体の状態でいたのが過冷却水なのだ。氷と気づいたときには後の祭りである。気づかずタコツボの中に居続けていたタコは、ユデダコならぬ冷凍ダコになってしまう。

タコツボの中にいては、単なる水と過冷却水を見分けることはできない。タコツボから出て、温度を体感して、はじめて正しい環境を認識できるのである。

快適ゾーンから出て行けば、外の寒さに凍えることもあれば、外敵に襲われて傷を受けることもある。しかし寒さに耐え、傷を受けることによって得られる強さもある。

中国のＩＴメーカー、ファーウェイの社内には、次のような詩が掲げられている。「累々たる傷なしに、どこから肉厚の皮が得られようか。英雄は古来より困難により磨かれるものだ」。一度あえて快適ゾーンから外に出てみよう。

異業種の人、外資系で働く人、歳の離れた人などと会うことにより、社内では得られない情報や感性に触れることができる。ときには驚くような気づき、発見もある。多様化の時代、自分とは異なる多様な人と付き合うことにより自分の幅を広げよう。社内の人は「同様化」の人が多い。そこには刺激も摩擦もない。

急変・激変・大変

いわゆるGAFAM、アリババ、テンセント、ファーウェイ等、この20年間に急成長を遂げた世界的に大きな影響力を持っている企業は、ほぼすべてIT系の新しい企業である。ひと昔前は、世界の巨大企業リストには、日本企業が常連のように席を占めていたが、今日ではトヨタを除き、はるか下位に転落してしまった。

世界のビジネス地図は、大きく変わった。大きく変わることを大変という。

急変・激変・大変に対する処方箋は、自らが大きく変わることに尽きる。自分が止まったままでいると、周りの急変・激変・大変で目が回りそうになるのだ。自ら大きく変化すれば周囲の変化と同調して周囲は止まって見える。ときには一歩先に行くこともできる。

会社も人も、変わらなければといっても、むやみやたらに変わったのでは意味がない。代わり映えもしない。ムダにエネルギーを消費するだけだ。

「変わらなければ」という台詞をよく聞くが、強迫観念的に「変わらなければ」と考える人は、往々にして何をどう変えるべきか、変わる方向を見失っているケースが多い。

試行錯誤を繰り返すといえば響きはよいが、方向の定まらぬままの試行錯誤は、単なる暗中模索に過ぎない。大きく変わるときこそ冷静に、自分を見失ってはならない。さもないと、生き残るための行動が、自殺行為となりかねないのである。

大変は当たり前

英語には"The only constant is change."という表現がある。「唯一不変なこととは変わり続けること」という意味だ。大変の時代では、社会もビジネスも変化が大前提である。変わり続ける世の中にあっては、変化を恐れたところで変化から免れることは不可能だ。

ビジネスはコロナで変わり、ＤＸやＡＩでも変わる。人口が減っても、増えても変わるし、温暖化によっても変わる。社会や文明の進歩も変化であるし、企業の成長・発展も変化の1つである。生物学的な進化も、変化の1種類だ。変化が避けられない以上、進んで変化に取り組むのは当然といえる。だが、どの程度の変化が、どんなタイミングで、どんな形でやってくるかは予測が困難だ。それは、今回の新型コロナの急変が好例だろう。

ウイルス感染の脅威は、過去にあったから想定はできる。しかしあるとわかっていても、具体的な予測や予知はできない。予測・予知のできない変化に襲われると集団は混乱する。

このとき**リーダーがやらなければいけないのが、方向性を示すこと**である。方向性を示さないことには、フォロワーはお先真っ暗の閉塞感に陥ってしまう。

方向性とは「理念＋目標＋戦略」である。まず第一にものを言うのは、世の中がどれだけ急激に大きく変わっても、けっして変わることのない不変の原理原則に支えられた企業理念である。大変の時代の判断の拠りどころとなる。理念とは理想を念じるということだ。わが社は、はたまた自分は、こういう会社、こういう人間になりたいという「あらまほしき姿（ビジョン）」のことだ。

ビジョン、ミッションに支えられた理念があれば、正しい経営を行ない、正しい人生を送るための原点回帰が可能になる。いっときパニックに陥ったとしても、冷静さを取り戻すことができる。不変の理念を頼りに、急変・激変・大変で変わってしまった地図の上に、新たなマイルストーン（道沿いの里程標）、つまり目標を打ち立てるのである。地図が変われば、歩き方や装備も変わるかもしれない。これは戦略の変更である。「理念＋目標＋戦略」の3点セットが整えば、自ら進むべき道、方向性が明白になる。必然的に社員のモチベーションは高まる。

わが社が、自分がこの世に生を受け果たすべき使命は何かというのがミッションである。変化のときこそ、方向性を示すことが重要性を帯びるのだ。

悪魔の代弁者を排除するな

カトリック教会において聖人の審議を行なうとき、聖人の証となる奇跡に、あえて疑義を述べる役割の人がいた。この役割を担う人を“Devil's advocate”（悪魔の代弁者）と呼んだ。

異論、反論、疑念を挟むことで、聖人の証をより確かなものにするためである。

この補完機能を果たすことを“Play the devil's advocate.”（悪魔の代弁者を演じる）という。会議などで、議論を深めるために、あえて反対意見を述べる人も「悪魔の代弁者」である。

多くの日本人はディベート（Debate）が苦手である。ディベートは普通の話し合いとは違い、「勝ち負け」を前提とするので日本人の肌に合わない。

一部の例外を除けば、大方の日本人は議論を好まない。「和を以て貴しとなす」という聖徳太子の教えが脈々と生きている。「議論」の文化が薄いのだ。

政府の閣議決定も全員賛成が基本だ。賛成しない大臣がいれば、議決をあきらめるか、先送りにするか、大臣を更迭させることになる。しかし予定調和、全員賛成では会議の質は低下してしまう。

刺激、摩擦のない会議では化学変化（Chemical Reaction）が起こらない。議論の衝突によるアウフヘーベン（止揚）もないことになる。満場一致、全員賛成、めでたしめでたし、シャンシャンシャンでは、何の付加価値も生まれない。会議の時間はムダな時間だ。

私が少なくとも10回は観た、『十二人の怒れる男』（１９５７年）というアメリカの名作映画がある。ある殺人事件の裁判のために集まった12人の陪審員の評決のプロセスをめぐるドラマである。

裁判の後、陪審員の意見はほぼ有罪で固まりかけていた。議論もなく、全員が有罪で一致しかけたとき、ヘンリー・フォンダ演じる１人の陪審員が異議を唱えた。その理由は、自分が反対しなければ議論もなしに、１人の被告が重い刑に服することになるからというものだった。

この１人の陪審員が悪魔の代弁者である。ドラマはそこから有罪の証拠の疑問点を次々と明らかにし、ときには殴り合い一歩手前までの激しい議論を尽くした結果、ついに評決が下されることになる。

その間も、早く帰りたい一心の、ある陪審員は、評決が無罪に傾きかけたときに妥協的に多数派につこうとするが、人ひとりの人生を左右する決定での、その無責任な態度に批判が集中するといった、あくまでも議論の質を追求するという姿勢で一貫している名作中の名作だ。

異論・反論の存在意義

会議は全員の一致そのものが目的ではなく、納得できる結論の追求が目的である。そのためには「一致の次善、不一致の最善」を基本とする必要もある。

異論・反論の存在によって組織の活性度が上がる。イワシの群れにナマズ（カマスとも）を入れるという話がある。

ノルウェーのある漁師は、獲ったイワシが港に戻ってくるまでに、すべて死んでしまうことに頭を痛めていた。

そんなある日、1人の漁師の獲ったイワシが1匹残らず生きたまま港へ戻ってきた。その生簀を見ると、イワシの群れの中に1匹のナマズが混じっていた。

イワシの群れが、同類だけで生簀にいるときは、何の緊張感もないため生きるためのスイッチはオフのままで、時間が経つにしたがい弱っていってしまう。

ところが、異質なナマズが混じることで、イワシは緊張感を覚え、そこから活性度が高まるのである。

異論・異端の存在は、死に体となったイワシの群れにとって、文字どおり起死回生の貴重な存在となったのである。

日本的文化、日本的組織は衝突の原因となる異論・異端を排除したがる傾向が強い。均等、均一の予定調和を好むが、それでは変化に弱いイワシの群れになる恐れがある。

リーダーは、チームに異論・反論を歓迎する文化を醸成すべきである。異論・反論は個人攻撃や中傷の類でなければ、いつでも、どれだけ出してもOKだ。

もし、チーム内から異論・反論が出ないようなら、あえてリーダー自らが悪魔の代弁者を演じる（Play the devil's advocate.）ことを辞さないことも大切だ。

つまり**「悪魔の代弁者を排除するな」「異なった意見をリスペクトせよ」**ということである。

苦手な上司とどう付き合うか

会社員の幸せの80%は直属の上司で決まるという。だがそうおいそれと替えることも、変えることもできないのが上司だ。

嫌な上司の下で働くことは、組織で仕事をする人にとって最大の不幸であり、人生のピンチである。しかも、このピンチが発生する頻度は高い。

ところが……である。いかなるピンチにも逆転のチャンスはある。

多くのビジネスパーソンにとって、上司との関係は悩みのタネであるようだ。そして、いまも昔も上司との人間関係の原理原則は変わっていない。

武士の奉公も「疎まれては忠をつくすことかなわず」（『葉隠』）だった。

いくら相性が悪いといっても、部下は上司に疎まれては仕事はやりにくい。よい結果も出せない。そこで昔の武士も、上司の個性に応じてその対処法を案じていたのである。

仕える主人の高慢を正そうとして諫言、忠言するのは大事な忠義だが、主人に疎まれては忠義を尽くすことはできない。『葉隠』では、まず信頼関係を築くことが大前提であると言っている。

「凡庸な主人」が上司のときには、努めてほめるようにするとともに、仕事に落ち度がないようこちらで整えて差し上げること、これが大事という。

仕事ができる人ほど、上司の粗がよく見えるので正論で勝負を挑みたがる。

しかし上司も人間、耳の痛いことばかり言う部下は疎ましい存在となる。愛《う》い奴だとは思わないだろう。だから諫言、忠言といえども、まず先に8割ほめて、その後にやんわりと2割程度に抑えて諫言・忠言をするのである。

まず上司から信用され、頼られるという基礎固めを行なった後で諫言・直言することにより、少しずつやり方を改めてもらうのである。まずほめて、次に耳の痛いことを言う。

これが基本中の基本である。

ボスマネジメントの要諦

では自信家で、傲慢なタイプの上司に対してはどうしたらよいか。

これも『葉隠』では、勝気で利発な性格の主人の場合は、少しこちらが一目置かれる存在になるように働きかけ、「このことをかの者が聞いたならばどう思うであろうか」と考えるようにさせることが、実は大忠節であるとしている。

そういう一目置かれる部下が1人もいないと、主人は家中の者を軽視し、すべて阿諛追従の者と思い、高慢になってしまうというのである。それでは藩が傾くことになりかねないので、一目置かせることは大忠節というのだ。

まず信用、信頼され、すこし煙たがられる部分も残す。この加減が肝心なのである。

「新流のボスマネジメント」の要諦は次の5点である。

- **上司に対する異見・異論・反論は理論をベースに。感情は抑制すること**　論理的ということは、筋が通っていて誰が聞いても理解できるということである。数字という付加価値が加わっていればなおよい。
- **異見・異論・反論には必ず建設的代替案（Constructive Alternative）を用意すること**　悪魔の代弁者を演じるにしても、反論には代替案が用意されていないと役には立たない。単なる破壊者で終わってしまう。「あなた（上司）のお説は、これこれこういう理由で難があります。だからこうしてはどうでしょう」。これが建設的な代替案である。
- **異見・異論・反論は二度まで**　三度試みても受け入れられないときは上司の決定に従う。それが組織の掟だからだ。その際潔く上司に従うことが重要である。下手にボイコットやサボタージュをすると、その姿を見ている人から、あいつはダメな奴だと烙印を押されてしまう。

・手柄は上司にプレゼント　実際は自分が挙げた手柄であっても、そこにこだわっていたらよいことはない。手柄は上司にプレゼント、これが優れた部下の基本動作である。「あなたがやった。あなたのおかげ」と言われて喜ばない上司は1人もいない。

・美点凝視・欠点無視　どんな人にも美点がある。欠点も当然ある。相性の悪い人の欠点は、ことさらによく見つかる。この習慣を逆転し、美点にのみ注目して、そこから学ぶことを習慣とするのだ。5つのうちで最重要といえる。

以上の5点を実践すれば、苦手な上司の下でも、仕事がスムーズに進むことは間違いない。

それでも、どうしても埒が明かない場合は、あきらめて我慢するか、上司が死ぬのを待つか、人事異動で上司が替わるのを待つか、会社を辞めて別の会社に移るしかない。

自責の指と他責の指

片手の指は5本ある。両手だと10本だ。だれかの責任を追及することを指弾するともいう。指弾するときに、指弾する相手に向かって伸ばす指は人差し指1本だ。人差し指を相手に向けたときには、中指、くすり指、小指の3本は自分に向いている。

他責の指は1本だが、自責の指は3本、自責と他責は3：1の割合なのである。だれかを責めているときには、実はその3倍自分を責めているのである。

何らかのトラブルが起きたときには、自分の手を見て思い出してほしい。だれかに責任があったとしても、その3倍の責任が自分にはあるのだ。

5本のうち、残るもう1本はどこを向いているのか。残る親指は天を向いていて、神の審判を仰いでいるのである。「提案するは人、決定するは神」(Man proposes. God disposes.)である。

よりよいリーダーとなるためには、そして、よりよい人生を送るためには、自責を基本姿勢としなければならない。責任転嫁は成長機会の自己否定である。

他責で得られるのは後悔だけである。電信柱が高いのも、郵便ポストが赤いのも、みんな私が悪いのよ。鳴かぬなら私が鳴こうホトトギス、というくらいの心がけが望ましいし、私の知っている優れたビジネスパーソンは、1人の例外もなく自責の人ばかりである。

英語では“I own the problem. I own the solution.”（問題は自分のもの、解決も自分のもの）という。

組織の中に自責の風を吹かせよう

人間関係でもチームワークでも、大抵のことは自責の姿勢で臨めば、結果的にうまくいく。自分だけは安全地帯にいたい、無謬性を保ちたいという保身や面子があるから、潔く自責を認められないのだ。こうした、いじましい保身や些末な面子にこだわるから、人間関係・チームワークにひびが入るのである。その結果、職場の雰囲気も悪くなる。この悪循環を逆転して、自責が職場の基本姿勢となれば、つまらない面子にこだわる者もなく、みんなが前向きになり、職場の雰囲気がよくなる。

社風とは会社の中に吹く風である。職場に吹く風が社風をつくる。社風が根付くとそこには企業文化が生まれる。自責の企業文化の会社やチームに偽装や虚偽、粉飾など起こるはずがない。仕事は社内、社外を含め、大勢の人が関わるため、実際には成功したにせよ失敗したにせよ、その真の要因を特定することは難しい。だから、結果が良かれ悪しかれ最後はトップが結果責任（Accountability）を負うしかないのだ。同様に、チームの結果責任はリーダーが負うしかない。リーダーの最大の責務は「責任を取る」ということである。

だが、仕事がうまくいったときはこの限りではない。『論語』には「功は部下に推し、責は身に引け」とある。ボスマネジメントのところで、手柄は上司にプレゼントと述べたが、結局のところ手柄は自分以外、上司か部下に贈呈するものなのである。それでよい仕事ができるのなら、手柄などいくらでも差し上げてよい。さらにいえば差し上げたプレゼントは、必ずそれ以上になって自分に還ってくる。竹下登元総理の名言「手柄は人にあげましょう。汗は自分でかきましょう」はきちんと正鵠を射ているのだ。

メンバーが何らかの失敗をしたとき、リーダーがやるべきことは部下を責めることではない。失敗から学び、糧として次に生かすことである。

何が悪かったのかをフィードバックし、どうすれば次に失敗がなくなるのか、その方法を、部下を主役にして考え出すことが肝心だ。実行責任（Responsibility）は部下だが、最終責任（Accountability）を取るのはリーダーの責務である。自ら組織の中に「問題は自分のもの、解決も自分のもの」という自責の風を吹かせよう。

メッセンジャーを撃つな

古来、戦では敵陣から使者が訪れることがある。ときには相手に降伏を勧めに、ときには自分たちの降伏の報告に。敵陣から降伏を勧めに来た使者は、相手の武将の虫の居所によってはその場で殺されることもある。メッセンジャーは命がけの仕事であった。

英語には"Don't shoot the messenger."(メッセンジャーを撃つな)という表現がある。この意味するところは、不愉快な伝言を運んできたとしても、メッセンジャーには罪がないのだから撃つなということに加え、もう1つの重要な意味がある。

メッセンジャーを撃ってしまったら、その後、情報が入って来なくなるからである。

情報のうち最重要なものは"Bad News"である。欧米企業では新入社員のときに徹底的に叩き込まれるのが"Bad news first"である。悪い情報ほど、最優先で真っ先に伝えなければいけないというルールだ。反対に"Good News"は後回しでよい。仮に伝えなかったとしても、おとがめなしで済まされる。したがって"Bad News"を運んできたメッセンジャーを撃つという愚行は厳に慎まなければならない。

ところが多くの企業では、悪い情報は上に上げずに握りつぶすという悪弊が続いているようだ。都合の悪いことは聞かなかったことにして、握りつぶしてしまう。

悪い情報（Bad News）を上げた人間は、本人には何の落ち度もないにもかかわらず、伝えたためにその後の覚えはめでたくなくなり、左遷同様の異動で表舞台から退場させられてしまう。だから、だれも本当のバッドニュースを伝えようとしない。代わりにフェイクニュースやノーニュースという現象がはびこる。

メッセンジャーは歓待せよ

かつて、天下のバッドニュースといえるものがあった。昭和16年、日米開戦の数か月前、当時最高の頭脳が集結し総理直轄の総力戦研究所がつくられ、軍事力、経済力、外交力、文化などあらゆる方面から分析し、日米戦のシミュレーションを行なった。

その結果、もたらされた結論は敗戦必至、辛うじてもったとしてもせいぜい3～4年というバッドニュースだった。ときの首相東條英機は、この研究結果を握りつぶし、他言無用として封印した。その年末に開戦した日米戦は、ほぼ総力戦研究所のシミュレーションどおりの結果となった。

貴重な情報とは、忖度や配慮のない情報、何気ない話の中に潜んでいることが多い。

ヒット商品「ポストイット」を世に送り出したスリーエム社は、マスキングテープで急成長した会社である。マスキングテープは、同社の日常的風景である試作品の失敗談を聞いていた営業社員の発想から生まれた。ワクチンの草分け、種痘は、牛飼いは天然痘患者がいない、天然痘にかかっても軽いという噂話をジェンナーが耳にしたことからはじまる。

バッドニュースや何気ない情報が、あちこちから入ってくるようにするには、ルールづくりだけでは十分とはいえない。**どんな話にも丁寧に応じ、ありがたいと感謝して聴く、受け取る側の姿勢がより大切**なのである。

人間というのは基本的に忠告好きであり、噂話好きである。ただ、こうした忠告は一皮むけば、忠告者本人の自尊心を満足させるためのものであり、噂話ともなると事実関係さえ怪しい、ゴシップやつまらない話が多い。だからといって聞く耳を持たず、つまらない話をするなと邪険に扱うとだれも何も言ってくれなくなる。

たとえバッドニュースや噂話であっても、よい話をしてくれた、ありがたいと、丁寧に感謝の意を示せば、相手はこんなことで感謝されるならと、いっそう「情報提供」に熱心になってくれるものである。悪いニュースを持ってきたメッセンジャーを撃ってはならない。大量の情報の中には、良質の情報が含まれていることもある。

すべてを追えばすべてを失う

会社と屏風は広げすぎると倒れる。

人生においても同様のことがいえる。やりたいことは山ほどあるが、どれから手を着けてよいかわからず、「そのうちそのうち日が暮れる」ことになる。

つまり、やりたいことがたくさんあると、結局何もできないまま終わってしまうのだ。よい結果を出したいと思うならば、目標の数は3つか最大でも4つに絞り込むことが原則である。「下手な鉄砲も数撃ちゃ当たる」式のやり方では成功率が低い。目標は実行が伴って達成される。多すぎる目標は実行を妨げる要因としかならず、どんどん目標達成から遠ざかることとなる。

何を実行するかに関しては、優先順位（Priority）を決めることだ。

具体的には、①必ずやらなければならないこと、重要な仕事（Must）、②やったほうがよいこと（Desirable）、③やらなくてよい（Dispensable）に分類し、①のみに集中するのである。

「一利を興すには一害を除くにしかず。一事を生ずるは一事を減ずるにしかず」という格言がある。モンゴル帝国の丞相（総理大臣のような立場）を務め、元王朝の礎を築いた耶律楚材《やりつそざい》の言葉とされる。

その心は、物事を成すにはあれもこれもと数多く積み上げるよりも、悪いものを減らしていったほうがよい、何かを創造しようとするなら、何かを捨象《しゃしょう》することからはじめたほうがよいということだ。優先順位とは「あれもこれもよさようなら。あれかこれかよこんにちは」ということである。

モンゴル帝国は人類史上、最も巨大な版図を持っていた。東はアジアから、中東を経て現在の東ヨーロッパあたりまでが勢力圏だったようである。

武力もさることながら、交易にも実力を発揮した。この世界最大の版図を持った帝国の基礎を築いたのが、足すことよりもまず引くことを重視した耶律楚材の哲学である。

「大きい会社」である前に「よい会社」に

会社も大きくなればなるほど経営は難しくなる。**会社はビッグになる前にグッドでなければならない**。量を拡大する前には質を高めなければいけない。そうでなければ仮に拡大に成功しても、それは単なる膨張（Expansion）であり正しい成長（Growth）ではない。膨張は針で突くとバブルのようにポンと破れてしまう。

耶律楚材の格言の肝もその辺りにあるはずである。

多くの人、特に若い経営者やリーダーは規模の拡大ばかりに目を奪われがちだが、大きくても短命で終わっては、成功とはいえない。あえていえば、規模は小ぶりの目立たない会社であっても、永きにわたって成長を続けている「永続企業」のほうが優秀といえる。

戦国時代が終わり、豊臣秀吉の治政になりかけたころのこと、秀吉が九州討伐にやって来た折、佐賀鍋島藩の当主、鍋島直茂に秀吉を討つように進言した者がいた。

そのとき直茂は「討つことは安きことなり。然れども末がつづかぬなり。また三国領するも安きことなれども、十代と治むることとてもなるまじ。一国ばかりは長久すべし」と言って、その言葉には乗らなかったとされる。

一時の成功は可能だ。領土を拡大することも難しいことではない。

しかし、それを維持し続けていくのは、佐賀鍋島藩を取り巻く地政学的な面からも、現有の家臣の数からも困難である。

十代にわたって治めることができないようなことなら、手を出すべきではない。いまの鍋島藩一国であれば、１００年でも２００年でも安定して治め続けられる。

直茂がそう言った佐賀鍋島藩は、事実、徳川時代の最後まで続いた。しかも、明治維新では薩長土肥（肥前とは佐賀藩とその支藩）と称され、重要な役割を担い、その後の維新政府でも重職を輩出した。

会社を大きくすることは基本的に望ましいことだが、大きく（Big）にする前には、よい（Good）会社にしなければならない。

よい（Good）会社とは何か。

第一に顧客満足、次に社員満足、取引先満足、社会満足、株主満足をきちんと果たし、結果として持続性のある成長（サスティナビリティ）を果たしている会社である。

失敗を一時的な挫折に転換せよ

人生と仕事には、失敗はつきものである。しかし人によっては、失敗が原因で心が萎えて、その後のチャレンジ精神を失ってしまうこともある。失敗を“Failure”と考えると、これっきり、これっきりで、もうおしまいということになる。

しかし“Failure”ではなく“Setback”（一時的な挫折）と捉えればリカバリーは可能、まだまだやり直しがきくと考えられるのではないか。トーマス・エジソンは「私は失敗したことなどない。電球がつくれない方法を１００通り見つけたのだ」と言っている。失敗はギブアップすることで失敗になる。あきらめないうちは失敗がない。ちょっとした挫折があるだけだ。

現象は同じでも、それを“Failure”（失敗）と捉えるか“Setback”（一時的な挫折）と捉えるかで、大きな違いが生じることになる。うまくいかなかったときには、失敗したとは思わず、挫折したと考えるほうがよい。うまくいかなかったのはやり方が間違っていたからだ。“Setback”は、やり方の変更を迫られているに過ぎない。電球をつくれない１００

通りのやり方を憶えておけば、二度と同じ間違いはしなくて済む。

挫折からは、十分に学ぶべきことがある。教訓はきちんと財産として蓄えておき、次の機会に活かせばよい。次の機会に活かすには、あきらめてはダメだ。私は挫折を経験したことのない人は伸びない人だと信じている。挫折は必要だが、あきらめてはいけない。

あきらめてはいけないこととは何か。それは「何のために」という目的（Purpose）である。やり方は目的に至るための手段に過ぎない。その手段でうまくいかなければ、さっさと捨てて次の手段を試せばよい。

しかし目的をあきらめてはいけない。手段は"Temporary"（一時的なもの）であるが、目的は"Permanent"（永遠）だからである。目的が正しければ失敗などいくらしてもよい。しかし失敗を"Failure"と捉えて、目的まであきらめるようなことがあってはならない。

京セラ創業者の稲盛和夫氏は「絶対に失敗しない方法が1つだけある。成功するまでやめないことだ」と言っている。

全財産を失ってもなおチャレンジ

失敗を挫折と捉える。そうはいっても、全財産を注ぎ込むような大きなことで失敗をすれば、やはりショックは大きいだろう。しかし、それでも正しい目的に向かっての失敗であれば必ず復元できる。世界ではじめて大衆自動車をつくったヘンリー・フォードは、何度となく全財産を自動車開発に注ぎ込み、そのたびにすべてを失った。

全財産といっても、一エンジニアだった若きフォードの財産はわずかなものである。それゆえ回復も早かったのだが、それでも本人にとっては全財産には違いない。フォードも今度ばかりはもうダメだ、と思ったことが何度かあったようだ。

しかし、彼は世界で初の大衆自動車をつくるという夢をあきらめることなく、資金がなくなるたびに、資産家の間を駆け回り、投資を仰ぎ資金の調達を行なった。それはT型フォードが成功するまで続いた。全財産を失うことは、フォードにとって失敗などではなく、成功に至る道程の通過点の1つに過ぎなかったのである。エジソンも、また同様だった。

事業家となったエジソンにはライバルも多くいた。しかもエジソン自身は、けっして企業経営に優れている人ではなかった。もしエジソンやフォードが一攫千金をねらうだけの人であったら、一度の挫折で財産を失えば二度と事業に手を出さなかっただろう。

失敗を挫折に転換するエネルギー源は、夢と志と正しい目的にある。

あなたの人生の夢は何か。生きる目的（Purpose）は何か。両方ないという人は、文字どおり夢のない人生を送ることになってしまう。

陽転の発想者になれ

丸い豆腐も切りようで四角というが、ものごとは見方によって丸くも四角にも見える。

世の中には、陽転（Positive）の発想者である「どうしたらできるか族」と、その反対に陰転（Negative）の発想者である「だからダメだ族」がいる。

よく知られたこんなたとえ話がある。アメリカ人の靴のセールスマンが2人、新規開拓のために南洋の見知らぬ地へ派遣された。飛行機と船を乗り継いで、やっとのことで着いてみると、そこは文明のない未開の地だった。現地の人はみんな裸足で生活している。

その光景を見た2人のセールスマンは、急いで本社へ打電した。1人のセールスマンは「現地人は全員ハダシ、人々は靴を履く習慣がない。この地では靴は売れない。次の便で帰る」と連絡した。もう1人のセールスマンは、次のように打電した。「ここでは全員ハダシ、まだ誰も靴を見たこともない。靴の売れる可能性無尽蔵。すぐ靴を5万足送れ」。

靴を履く習慣がないから、この地では靴は売れないと見るか、靴を知らない人々が、靴という便利なものを知れば、みんな喜んで買ってくれると考えるか。同じ光景でも絶望的と見るか、チャンスは無尽蔵と見るか、その人の心の眼鏡の色で天と地ほどの差が出る。明るい面ばかりを見る楽観主義者は、気楽すぎてやや心もとない気がするものの、暗いほうばかり見たがる悲観主義者ではビジネスはできない。

ビジネスは慎重な楽観主義（Cautious Optimism）が基本だ。

いろいろと問題があっても、積極的にポジティブな側面を見出し、可能性を追求することを「陽転の発想」というが、**成功者は陽転の発想者である。ダメだダメだと切り捨てないで、どうしたらデキルかを考える。**私の知っている優れたリーダーは、1人の例外なしに「どうしたらデキルか」という陽転の発想者である。ダメだダメだと言う人はダメな人なのである。

禍福はあざなえる縄の如し

陰と陽は両面である。陰しかない、陽しかないということはあり得ない。陰と陽は対であり一体なのである。問題は常に見る側、すなわちわれわれ自身にある。

陰の側面はどんなものにもある。**陰の側面を見たときに、陰だけに目を奪われるのではなく反対側には陽の部分があると想像することが**大事だ。

英語には“Every cloud has a silver lining”という格言がある。同様の意味で、下から見たとき、どんなに暗い雲であっても、その裏側は白銀の雲である、ということだ。

「人間万事塞翁《さいおう》が馬」という言葉もある。中国前漢時代の思想書『淮南子《えなんじ》』にある故事に由来する。塞翁とは、北方の塞に住む老人のことで、占いの術に長けていた。

ある日、塞翁の家で飼っていた馬が逃げてしまった。この話が伝わると村人が見舞いにやってきた。塞翁は訪れた村人に向かって意外なことを言う。

「馬が逃げたことによって福が呼び込まれるかもしれない」

数か月後、逃げた馬は立派な馬を何頭か引き連れて戻ってきた。村人が再び塞翁の家を訪れ「よかったよかった」と祝福すると、今度は塞翁は「これは災いをもたらすかもしれない」と不安げに言った。塞翁の心配は当たり、息子が馬から落ちて脚の骨を折った。

村人は気の毒に思い見舞いにやってきたが、塞翁は「これがよいことになるかもしれない」と言った。その後、戦が起こり、村の男は青年から壮年まで、みんな兵隊にとられ大勢が戦死した。ところが、老人の息子は脚が悪かったため兵隊にとられずに済んだ。

禍福はあざなえる縄のごとしともいうが、禍の反対側には福が潜んでいる。そこに気づかず徒に悲観してはいけない。コロナ禍でもそうだ。伸びる会社はコロナを禍（災い）として考えずに奇貨として捉えている。〝奇貨おくべし〟という健全な居直り精神である。

後悔はするな、反省をせよ

宮本武蔵の『独行道《どっこうどう》』には「我事において後悔をせず」という有名な一文がある。

反省、後悔と一口に言うが、そもそも反省と後悔では何がどう違うのだろうか。後悔先に立たずというとおり、後悔は過去の失敗を振り返り、このときこうしておけばよかった、あのときああしておけばよかったと、ただただ悔やむことである。くよくよするばかりで、何ら建設的なものはない。

一方、反省は過去の失敗を振り返り、ここが悪かった、あそこが悪かったと点検し、その改善点を探ることである。

外形的には、後悔も反省も似たようなことをやっているので、あまり見分けはつかない。しかし**反省は過去を見た後に、目が未来に向かう行為であるのに対し、後悔は目が過去のみに向けられている**。過去の失敗を振り返るという点では、後悔も役に立ちそうな気がするが、過去をいくら振り返っても、それだけでは何も変わらない。

同じようなシチュエーションに遭遇したとしても、相手が違い、場所が違い、時間が違い、条件が違い、関係者が違うのだから、過去と同じことが起きるはずがない。後悔が役に立たないのは、過去しか見ていないからだ。

後悔が過去にとどまったまま、そこで過去の失敗をほじくり返しているのに対し、反省は過去の失敗から未来へ役立つことを拾い集めているのである。

反省とは、未来志向があって反省となるのであり、後悔はどれだけ緻密にやろうとも、過去にとどまっている限り未来に活かせる反省となることはない。

ある取締役が、部下に命じて過去の失敗例を集め研究するように命じた。

失敗事例は大量に集まったものの、結局、役に立つようなものはなかった。それぞれ少しずつ事情が異なり、失敗事例を活かすといっても、同じ失敗は1つもないということがわかったからである。失敗事例は結局、参考止まりにしかならない。だから反省するにしても、長々と時間をかけたところであまり効果は期待できない。反省はウジウジとやるのではなく、テキパキとやったほうがよい。

反省は常に吾にあり

三省堂書店という辞書も出している大型書店がある。本店は千代田区神田神保町にある。

この三省堂の社名は『論語』の「吾日《われひ》に吾身《わがみ》を三省《さんせい》す」に由来する。毎日三度、我が身を反省するという意味だ。

江田島にあった旧海軍兵学校には「五省」という訓示が掲げられていた。いまも海上自衛隊に引き継がれているようである。意味と合わせて記しておく。

一、至誠に悖《もと》るなかりしか（誠実さに欠けること、真心に反することはなかったか）
一、言行に恥ずるなかりしか（恥ずべき言行はなかったか）
一、気力に欠くるなかりしか（気力に欠けるところはなかったか）
一、努力に憾《うら》みなかりしか（努力を尽くさなかったことはなかったか）
一、不精にわたるなかりしか（不精なことはなかったか）

反省とは反復して省みることである。最も反復して省みるべきは何か。それは自分自身である。失敗とは、ある意味で自分自身を真剣に省みる機会ともいえる。

ピンチのとき、最後の最後に頼れるのは自分自身である。ピンチをチャンスに転換することができるのも自分自身だけだ。

反省とは、贖罪でもなければ恭順の意を示すことでもない。自分自身を正すことである。

「反省すれども後悔せず」を人生のモットーにしたい。

コツコツカツカツ、努力は人を裏切らない

ビジネスでも、スポーツでも、学問でも、成功者に共通する特徴がある。それは**焦らない、あきらめない、怠らない**、の3つだ。つまり、粘り強くしぶといということである。

必ず雨を降らせるという祈祷師は、雨が降るまで祈りをやめない。成功するまでやめないことが、必ず成功するための1つの方法でもある。

コツコツと努力を続ける人の姿は、周囲の人々を感動させる。人々の心を動かすことは大きな力となる。コツコツと努力を続ける人は、必ず勝つ人である。

江戸時代末期の篤農家、二宮尊徳は数々の廃村寸前の農村を復興させた村落再生の実績を持つ人でもある。

彼は人心の荒廃した村へ赴任すると、翌日の朝から誰よりも早く田畑に出て働き、夜は誰よりも遅く家に帰り、家では仕事のための書き物と読書をして誰よりも遅く床に就いた。その生活は雨の日も、風の日も、暑い日も、寒い日も変わることなく、毎日毎日、繰り返された。

働く意欲を失った村人も、尊徳の姿を見ているうちに、1人、2人と、その後に従うようになる。彼の行動が村人を感動させ、心を動かされた村人がすこしずつ反省し、行動を改めたのである。

彼の農村復興とはこうしたものだった。こうしたやり方で、いくつもの村を復興させたのである。コツコツと努力を続ける尊徳の背中が、村人の冷え切った心に再び火を点したのだ。人生とは、コツコツカツカツで生きて花を咲かせるものである。

「勝つ」と「克つ」

内なる敵に克つことは、外敵に勝つことよりも数倍難しいといわれる。

危機に際して困難に耐え、ピンチをチャンスに転換するためには、内なる敵に克つことができなければならない。内なる敵とは何か。自分の心の中に潜んでいる「あきらめ心」である。敵に勝つためには己に克たなければいけない。

「我に七難八苦を与えたまえ」と戦国時代、尼子家の家臣・山中鹿之助が天に祈ったのは、内なる敵に克つ力を鍛えるには試練が必要だからだ。試練とは自分でつくることはできない。与えられるしかないのだ。だから鹿之助は天に祈ったのである。

試練とは修羅場である。すなわち結果責任の伴う困難な仕事だ。

ある大手商社の元社長が次のようなことを言っていた。まだ社長に就任する前のこと、夜に会社に戻ると若い社員が数人オフィスに残り、何事か話し合っていた。

ご苦労さんと声をかけに近寄ったところ、彼らがいま新規案件を担当しているチームであることがわかった。新規案件がなかなか進展しない状況にあることは、すでに報告によって知っていた。難しい仕事に取り組んで、夜遅くまで苦労している若い社員たちに、この元社長は労いの言葉をかけるとともに、こう言ったそうだ。

「苦労はしようと思っても、そうそうできるものではない。君たちは、いま会社のお金で苦労ができるのだから、よい機会と思ってどんどん苦労しなさい」

そう言われた若い社員たちは、恐らく面食らったと思うが、この言葉の意味は彼らにも何年か後にはわかったはずである。

人は難しい仕事を成し遂げることで磨かれる。**難しい仕事に取り組んでいるときには、何でこんな仕事に当たってしまったのだろうと思うが、後からそれが試練であり、その試練を乗り越えることで、己に克つ力が得られたことに気づく**はずだ。

克つ力は、ときに勝つ力よりも重要なストロングポイントとなる。「コツコツカツカツ」を自家薬籠中の物にしてほしい。

肥る転職と痩せる転職

新卒の社員で、3年以内に辞める人が高卒では50%前後、大卒で30%といわれる。しかも、そのうちの約半分が1年以内に辞めている。また別の調査では、現在会社に勤めている人の4人に1人が、いまの職場を辞めたいと思っているというデータもある。

辞める理由は、仕事が合わない、残業が多く仕事がきつい、人間関係がギクシャクしているなどが主だったものである。

前向きな理由としては、キャリアアップのためなどというものもあるが、入社3年ではキャリアアップを考えるのは早計である。基礎としてのキャリアが身に付いているとは考えられないからだ。

私自身は、新卒入社からシェル石油、日本コカ・コーラ、ジョンソン・エンド・ジョンソンと10年単位で会社を変わる結果となったが、これは給料アップ、ポジションアップのためということではなく、自己実現という目的のためであった。

32歳のときに立てた「45歳で社長になる」という目標を実現するために戦略を実行して

いる過程で、結果的に転職に踏み切ったのである。

転職とは、会社を替わる必然性があって行なうことであって、もののはずみや先輩の勧めで軽々しく行なうべきものではない。

はじめから、何歳になったら次の会社と決めることはないし、また、決めていたとしても、そのとおりに人生が運ぶことなどきわめて稀である。

新卒社員が辞める理由の「仕事が合わない」というのは、入社前に想像していた仕事と現実に会社でやらされている仕事が違うということだろう。

しかし、新卒からわずか1年で仕事が合わないからという理由で辞めた人が、次の職場を探すときに、自分に合った仕事を正しく選択できるとは思えない。ほとんどの場合、A社でダメな人は、B社に移ってもダメな人なのだ。

事実、転職した人の追跡調査では、転職してよかったと答える人の比率は小さい。10人のうち転職して満足しているのはせいぜい1人か2人という状態である。

転々と職場を変える人のことを英語では"Job Hopper"という。会社から会社へと短期間で渡り歩く人のことで、そこには堪え性のない尻軽男、尻軽女という悪いイメージがつきまとう。

ジョブホッパーといわれることは欧米でも名誉なことではない。

転職を考えたらやるべきこと

私の経験からいえば、転職を天職へのステップとするには、自分自身の努力と実績の棚卸しと、転職先が自分に合う会社かを見抜く眼力が必要だ。

自分自身の棚卸しとは、自分の市場価値（Market Value）をチェックして正しく把握することである。大雑把にいえば、転職するという意志を表明してから3か月以内に、現在の年収の3割以上アップで迎えたいという会社が3社以上あるかという「3・3・3公式」が、1つの目安だ。

この程度の社会的評価を得ていないうちは、転職を考える前に、自分の市場価値を高めることに時間とエネルギーを使ったほうが得策だ。

転職先をチェックするときのポイントは次のとおりである。

- クレド（企業理念）に共感できるか。哲学や信条を持っていてきちんと実行している会社か
- 長期的な視野と目標を持ち、本腰を入れて取り組んでいる会社か
- 企業文化が自分に合っている会社か

・積極的に仕事を任せている会社か
・会社の方向性に納得し共鳴できるか
・社員の顔が輝いているか

以上は外から見ていても判断のつくことだが、オフィスツアーや面接のときに、さらに深く観察しておくとよい。

企業風土は例外なく社員の言動、表情、働く姿に現われる。オフィスにいる社員の顔がつまらなさそうなら、その会社がどんな仕事をしていようとも、つまらない会社なのである。そこにはワクワクも、ニコニコも、イキイキもない。あるのはイヤイヤだ。社員の肉体は生きていても魂は死んでいる。

また、面接のときに、あなたへの期待が明確に示されたかも大事なチェックポイントである。何でもいいから、とにかく入ってほしいと会社が言うのは、それだけ認められているということでもあるが、こういうケースで入社すると、かなり高い確率で、再び期待外れの仕事をする羽目になる。

「転石苔《てんせきこけ》を生《しょう》ぜず」(A rolling stone gathers no moss.)ということわざがある。このことわざは、アメリカとイギリスでは解釈が正反対である。イギリスでは「仕事や地位を変えてばかりいる人は成功しない」だが、アメリカでは「活発に動いている人は時代に取り残されない」という意味だ。

ちょっとひねって言うと、私はジョブホッパーは「『転籍』苔を生ぜず」とイギリス的に考えている。転職の全面否定ではない。前述のポイントを押さえなければいけないということだ。

私が、ジョブホッパーではなくキャリアビルダーになりたいと決心したのは32歳のときである。そのためには1つの会社に10年いる必要がないと決めた。結果としてシェル石油10年、日本コカ・コーラ10年、ジョンソン・エンド・ジョンソン12年というほぼ10年刻みのビジネス人生を送った。

石の上にも3年というが、3年ではあまりにも短か過ぎる。1年では話にならない。20年も同じ会社にいれば下手をすると苔が生えてしまう。

せめて5年はいまの会社で頑張って「転職の資格」を得てほしい。

転職するなとは言っていない。**自己実現のために、あえて転職するならばせめて5年間はいまの会社で全力投球をして、「転職の資格」を身に付けてほしい**のだ。

転職を天職（VOCATION）に結びつけてほしい。

第5章

グローバル時代、ダイバーシティ時代の波をどう乗り切るか

スピークアウトで出る杭になれ

長年にわたりさまざまな国の企業人と付き合ってきたなかで、私が強烈に感じていることが1つある。日本人は会議の場でスピークアウトができないということだ。スピークアウト（Speak Out）とは、"In"（陰）にこもらずどんどん言葉を"Out"する、積極的にものを言うということである。日本人はこれが苦手だ。特に公式の会議の場となると、無用の忖度や過剰な配慮が邪魔をして言葉を慎むことが多い。

舌禍で失脚する大物政治家や実力者のことが、頻繁にニュースで流れるのを見ると、日本では、スピークアウトは身の危険を招きかねない行為のようにさえ思える。「物言えば唇寒し秋の風」というが、自由にものが言えない組織は、到底よい組織とはいえない。

もの言えぬ組織は空気が澱み沈滞化する。スピークアウトができないような組織は、やがて力を失い、社会からアウト（退場）宣告のレッドカードを突きつけられる。スピークアウトしないとアウトになるのだ。

ミーティングや会議では立場、肩書、社歴、性別などは無関係にして、発言を抑制せず、積極的に発言を促すことがルールでなければいけない。御法度なのは、戦前の検閲のように、いちいち発言をチェックすることだ。何らかの圧力をかけて、自由な発言を制限するような組織風土は腐っているとしか言いようがない。早急に改めるしかない。

そもそも日本人は、世界的に公式の場での発言量が少ないというレッテルを貼られている。

現役の社長時代、何十回となく国際会議に出席する機会があった。そのとき気づいたのは、会議で発言するのはアメリカ人、インド人が中心、それにヨーロッパ諸国、中国を含むアジア諸国の人々が続き、日本人はダンマリを決め込んでいた。

講演会での質問も同様で、アメリカ人、さらにインド人は質は別として、とにかく質問や発言の数だけは多い。

「国際会議の場において、インド人を黙らせることができて、日本人をしゃべらせることができれば、その会議は成功だ」という国際ジョークがあるくらいだ。

ＭＢＡの講義では、発言の質に加えて、発言の量も評価の対象としているように、欧米人にとっては発言することに意味があるのだ。つまらない質問でも質問しないよりはましというのが、彼らの考え方である。

それに対して日本人は、つまらない質問をして恥をかくくらいなら、質問しないほうが無難だと考えている人が多い。先輩や年長者の前で、若輩の自分がものを言うのはおこがましいと口をつぐんでしまう。

出ない杭は腐る

私が32歳のとき転職して入社した日本コカ・コーラで、当時の上司から入社のデイワン（初日）に受けたアドバイスがある。

「入社おめでとう。ついては君に1つアドバイスがある。この会社では会議や研修会に参加したら、最低2回はスピークアウトすること。そうしないとみんなは君を発言するだけの知識も能力も意欲もない人間と思ってしまう。自分は何も言わず他人の意見を聞くだけで、何も与えない人間は、他人の意見を盗むだけの意見泥棒である。わが社には泥棒は要らない」

そもそも**2回はスピークアウトしないと、会議に参加する意味がない**というのだ。

遠慮が美徳となるのはときと場合による。

戦時中に駆逐艦に乗っていた人がいた。士官ではなく水兵である。本業は漁師だった。あるとき、航海中の自艦に向かって敵の魚雷が進んで来るのを見つけた。甲板上では大勢が魚雷だ、魚雷だと騒いでいたが、何もできずにただ眺めていただけだった。そのとき、この元漁師の水兵は、持ち場ではない艦橋へ駆け上がり、「オレに任せろ」と士官から強引に舵を奪い艦首を魚雷に向けた。漁師の勘だった。

魚雷は艦の先端、鋭角部分に触れたものの、そこで滑ったため、信管が作動することなく後方へと流れていった。

一水兵が上官を無視して舵を取るなど、平時であれば軍法会議ものだが、艦の危機を救った功を認められ、勲章を授与されたそうだ。

出る杭は打たれるというが、出ない杭は腐る。日本の企業の中には腐った杭が、文字どおり腐るほどいる。

唯一肝心なのは「だれが言ったか」という「ヒト」ではなく、「何を言ったか」という「コト」である。

悔いのないビジネス人生を送るには、ぜひスピークアウトをしよう。出る杭になろう。

年上の部下をどう使うか

　ダイバーシティ時代とは、多様性を認める社会を実現することである。生き方の多様性、働き方の多様性が叫ばれている。

　生き方の多様性のうち、ジェンダーフリーでは、日本は著しく遅れている。世界経済フォーラム（ＷＥＦ）の報告によると、男女平等の実現度で日本は１５６か国中１２０位。政治や経済分野では主要７か国（Ｇ７）で最下位というお粗末な現状である。

　女性の管理者の数はＧ７で最低、オリンピック委員会前会長や開会式、閉会式の演出統括者の女性蔑視発言では、本人に何ら悪意がないとしても、依然として旧い価値観が根を張っていることを世界に露呈してしまった。

　働き方の多様性は、はからずもコロナ禍によって、テレワークなどの新しい形が当たり前になりそうな現象も見られる。ビジネスでは、女性と老人と外国人を分け隔てなく、当たり前に受け入れることが求められている。

　年上の人を敬うというのは、儒教文化の価値観である。いわゆる「長幼の序」という秩序形式である。東アジアは、儒教の勢力圏内なので「長幼の序」の意識が強い。国民の祝日に、わざわざ敬老の日（Respect for the Aged Day）を定めているのは世界中で日本だけである（もっとも、ことさらに敬老の日を設けているのは、常日頃老人が敬われていないことに対する贖罪の表われであるという皮肉な考え方もある）。

「長幼の序」の文化の日本では、ひと昔前まで部下は自分より年下というのが常識だった。しかし時代は変わり、高齢化が進んだ。企業は高齢化社会の趨勢に応え、定年延長と組織の活力維持の両立を図るため、雇用期間を延ばし、役職定年は早めることにした。自分の部下に、年上の人がつくという現象が新常態となっている。この努力は加速されることはあっても、逓減することはないだろう。

ポジションは機能に過ぎない

年上の部下を使うときの原則は“Polite But Firm.”である。丁寧な態度で接し、毅然として指示せよということだ。

課長だから部下よりも偉い、部長だから課長より偉いと考えがちだが、こういう階層意識には根本的な誤解がある。**組織における階層は人としての優劣とは何の関係もない**。ただ単に、役割を規定しているという浮世の定めごとに過ぎないからだ。

部長は部長という機能を果たす社員であり、課長は課長という機能を果たす社員に過ぎない。一般社員は、一般社員という立場で機能を果たす人であり、エライ、エラクナイという、人間の本来的な価値とはまったく次元の違う話である。

ところが現実には、この当たり前のことがわかっていない人が多い。

古い話になるが私が日本コカ・コーラに移って間もないころ、定年後の再雇用でかつての上司が戻ってきた。元上司が現在の上司の所へ挨拶に行くと、現在の上司はかつての上司に向かって○○クンと、クン付けで呼んだのである。

念のため断っておくと、この元上司も現在の上司も日本人である。

当然、現上司は、かつては元上司のことを○○部長、あるいは○○サンと呼んでいた。昨日までサンづけで、今日はクンづけ、サンがクンに代わった。参勤交代ならぬ「サンクン交代」である。相手により態度や言葉が大幅に変わる、こういう人を私は信用しない。

上司と部下の仕事の違いは、高度の意思決定を求められるか否かにあるが、上司は本人がエライから意思決定をするのではない。**意思決定をするのが役割だから意思決定をしているのだ。**

あくまで機能分担の違いであり、人間としての価値には何の関係もない。年齢、業歴、経歴、ジェンダーなどとは無関係である。

女性の上司もまた、修羅場を経験しスキルとマインドを磨いて、その役割にふさわしいと判断され管理職に就いているのである。尊重すべきなのは立場であり、人ではない。女性であろうと立場にふさわしい仕事をしている人はエライのであり、立場相応の仕事をしていない人は失格者である。

正しいことを考え、正しいプロセスを経て組織の階段を昇ってきた人は、均《ひと》しくその役割を正しく果たすことができる。信頼に値する。

繰り返す。社長職に就いた人がエライのではない。社長職という職務がエライのである。この当たり前のことがわからない人をお粗末人間、愚か者という。

コミュニケーションがうまくいく波長と3つの「め」

「組織の中で起こるすべての失敗の80％はコミュニケーションの不備に起因する」という。コミュニケーションとは、ビジネスパーソンにとって時間が余ったらとるものではなく、積極的に時間をつくってとらなければいけないことである。

したがって、いつの時代でもどこの国でもコミュニケーションは大切な仕事であるが、今日ほどコミュニケーションの必要性を感じる状況はいまだかつてない。

新型コロナによって社会も企業も新しい日常（新常態）を受け入れざるを得ないとき、混沌とした状況にあるときには、コミュニケーションの質と量が何より求められるからだ。

しかも現代のコミュニケーションは、世代、ジェンダー、文化を超えて機能させなければならない。仲間うちのちんけなコミュニケーションではものの役に立たない。

伝える幅と質とスピードが大きくものを言う時代なのである。

コミュニケーションは、自分の思うことが正しく相手に伝わらなければ何の意味もない。

コミュニケーションの良し悪しを評価する決定権は、伝えられた側にある。伝える側がどれだけ正確に伝えたと思っていても、結果として、伝えられた側が正しく認識していなければ、それは伝える側の伝え方に問題があるのだ。

「自分の部下は何を言ってもわからない、響かない」と嘆く上司がいるが、これは大間違い。「わからない」のではなく「わからせていない」のである。**相手に正しくわからせる、これがコミュニケーションの原則**である。

グッドコミュニケーターは、例外なくこの原則をもとに他者と交流している。グッドコミュニケーターとなるために必要なことは何か。

キーワードは「波長と3つのめ」である。

相手と波長（Wavelength）を合わせることが重要なのは、コミュニケーションには、常に同床異夢の危険があるからだ。

人は自分の関心のあることに意識が向かう。

たとえば初対面の相手と商談をしているとき、一方は商品の品質に関心があり、一方は低価格が重要と考えていれば、「よい商品」と言ったときの意味合いは、すこしずつズレることになる。

お互いによい商品だ、よい商品だと認め合っていても、品質に関心のある相手に価格のことばかり言っていたら、商談はご破算になってしまう。

相手にわかる表現を選ぶ

相手の関心がどこに向いているかを察知するには、相手と波長を合わせる必要がある。初対面ではなかなか難しいが、関心のあることについては何度も口にするので、会話から相手の関心のありどころの手がかりをつかむことができる。

相手がどういう人か、事前にリサーチできれば波長を合わせるうえでも有利だ。波長を合わせるうえで、もう1つ大事なことは、相手に伝わりやすい表現を選ぶことである。たとえば、マーケティング担当者であればだれでも知っているGRP（Gross Rating Point）という言葉は、一般的な人を相手にするときには使わず、「一定期間に地域の何％の世帯に、何回テレビCMが流れるか」という平易な表現で相手と波長を合わせるのである。

次に、コミュニケーションには以下の「3つのめ法則」がある。

1. 大きめ

すでに述べたメラビアンの法則が示すとおり、人は視覚情報と聴覚情報で印象を決めている。コミュニケーションは、相手に話の内容が正しく伝わることが肝心要であることはいうまでもない。といってボソボソ声で聴覚的に聞きとりにくければ耳に入らない。大声ではない。大きめである。

2．ゆっくりめの口調

何を言うかよりも、相手に何が伝わるかに重点を置けば、立て板に水的な早口は厳禁。相手が聞きとれるように、どちらかといえばゆっくりめに話すことが原則である。

3．相手のめ（目）

話すときは相手の目を見て話すということである。目は口ほどにものを言う。視覚情報で大事なのは表情と目線である。"Eye Contact"を忘れてはならない。

コミュニケーションは正しく伝わってナンボ、相手に理解されなければ共感も共振もない。相手に響くことがないのである。

"A great leader is a great communicator"（優れたリーダーは優れたコミュニケーターである）という。

「波長と3つのめ」を自分のものにして、優れたコミュニケーターになってほしい。

英語のシャワーを浴びよう

英語を話す人は世界に18億人くらいいるという。ビジネス言語として英語を使う人口は英語を母国語とするアメリカ、イギリスの人口をはるかに超える。

中国語を使う人は13億人と数は多いが、中国語は所詮、中華圏でしか通用しない地方言語に過ぎない。対するに、英語は世界最大のビジネス言語であり、グローバルビジネスでの世界共通語（Common Language）は英語なのだ。

したがって、英語は現代のビジネスパーソンにとっての基礎能力であり、さらにいえば必修能力の1つでもある。グローバルビジネスで活躍するためには、どんなに低めに見てもTOEIC850点以上が最低条件である。

850点とは簡単な日常会話では、あまり困らないというレベルである。アメリカ人と対等に、または対等に近いレベルで議論するとなると950点以上は必要となる。ちなみに満点は990点である。

AIによる翻訳機能は長足の進歩を遂げ、実用化に数歩手前というところまで来ているようだ。あと20～30年後には、ビジネスの世界でもAI翻訳が本格的に実用化される可能性は高い。ちなみに日本で最初に自動翻訳機をつくったのは、若き日のソフトバンクの創業者・孫正義氏である。家電メーカー・シャープの協力を得て製品化に漕ぎつけたが、歴史に残る製品ではあったものの、セールス面では成功とはいい難かった。

以後、自動翻訳機は話題にはなっても、実用化されたものはない。

AIによる自動翻訳機の実現は、時間の問題とはいっても現実にはまだ存在していない。英語が苦手だからといって、翻訳機の開発までビジネスは待ってくれないようだ。

まずは耳を慣らすことから

今日、英語学習の教材は巷にあふれている。英語に触れる機会も増えている。戦前までの日本人は、外国人を見る機会もなく英語を耳にする機会もなかった。それでも不十分な環境で一部の日本人は英語を身に付けていた。

特に、生まれてはじめて欧米人を見るような幕末から明治、大正の人はどうやって英語を理解していったのかと、その苦労が偲ばれる。

幕末の日本で英語学習に貢献したのは、漁船の難破、漂流からアメリカへ渡り、ペリーとともに日本へ帰ってきた中浜万次郎、ジョン万次郎である。

万次郎自身は教科書も辞書もないなか、独学で英語を学んだ。その学び方は、赤ん坊が言葉を覚えるプロセスと変わりない。つまり**耳から覚えていった**のである。

言葉は耳から覚える。

ところが日本の英語教育は、目（文字）から入るという不自然なやり方をとっている。万次郎の英語学習方法は、幕末の日本人の英語学手法に活かされた。耳から英語を覚えさせたのである。

ただし、やり方は日本式にアレンジした。万次郎がいま何時か（What time is it now?）をホッタイモイジルナと憶えたという話は有名である。

彼は“Water”をワラ、“American”はメリケンと教えた。日本人の耳に聞こえる英語で教えたのである。

私はいまでも、朝はＣＮＮやＢＢＣでニュースチェックをし、夜はベッドサイドにＣＤプレーヤーを置いて子守歌代わりに英語のスピーチを聴いている。

こうして英語に耳を慣らし、定期的に欧米人の友人とメールで交流をしている。

耳を慣らしているうちに、知っている単語が耳に残るようになる。単語のつながりも聞き分けられるようになる。

単語の意味は不明でも、何と発音しているのかはわかるようになるから、わからない単語の意味を調べて語彙を増やしていけばよい。

第一目標の語彙としては2万ワードである。毎日毎日、英語のシャワーを浴び続けるほうが、間違いなくAI翻訳機を待っているよりも実りがあり、英語を身に付けるうえでも手っ取り早い。

グローバル時代の共通言語は英語である。将来、国際舞台で活躍したいと思うのなら、英語ができなければ通用しない。

グローバル化の時代のなかで、英語のできない人は未来エーゴー（英語）ダメである。とりあえずTOEIC850点をねらおう！　毎日20分は英語の音のシャワーを浴びよう。

教養とは創造の起爆剤である

グローバル時代、ダイバーシティ時代にはリベラルアーツが重要になるといわれている。リベラルアーツ（Liberal Arts）は直訳すると自由技芸、意訳すると教養だ。リベラルアーツには哲学、宗教観、倫理観、文化人類学、歴史、美術、音楽、文学等が含まれる。

教養というと、ビジネスの場で実用には使えない迂遠な学問という印象が持たれる。大学では最初の2年で一般教養を学びその後に専門課程に入るから、そのイメージが強いのだろう。ここでちょっと立ち止まって考えてみよう。**学びには無用の学と有用の学がある。**

無用の学とは、役に立たない学問という意味ではない。すぐに効果は出なくても徐々に身体に染み込み、時間をかけてじわじわとボディブロー的に効いてくる漢方薬のような学問のことである。一方、有用の学とは、薬でいえば対症治療薬のように、飲むとすぐに効果を発揮して症状を緩和する即効薬のアスピリンや下痢止めのようなものといえる。

大学で文学や歴史を勉強しても、ビジネスには役に立たないというのは、近視眼的で一面的な見方である。実用性だけで学問を評価するのは、企業経営者の立場からいっても正しい考え方とは思えない。

ビジネスでは、有用の学である語学やハウツーものなどスキルに直結する分野が主流である。私も現役時代は有用の学に読書時間の90％を使い、無用の学には10％ほどしか時間を割かなかった。現在は有用の学50％、無用の学50％と時間配分をリセットしている。

教養があると、時間を持て余すようになったとき退屈することがないともいわれる。さまざまなことに興味や関心を見出せるからだ。

では、教養とは高齢者のための玩具なのか。それは違う。

イノベーションとは既存のもの同士を結び付けて、これまでになかったものを創造することでもある。**頭の中にある知識・経験の在庫がアイデアのもとになる**。既存のものをたくさん知っておくと化学反応が起こり、新しいアイデアが生まれ、ひいてはイノベーションを起こす起爆剤となる。この人の心の底にある起爆剤、それが教養である。

教養は化学反応の触媒

多種多様な文化と価値観が衝突するダイバーシティ時代にあっては、衝突から新しい価値を生み出す化学反応（Chemical Reaction）が求められる。化学反応を起こせる組織、社会が21世紀に生き残り、ひいては勝ち残ることになる。

このとき**化学反応の触媒となるのが教養である**。教養とは単なる物知り、博学多識ではなく、多くのことを学ぶなかで物事の本質、原理原則を追究することでもあるからだ。

新しい価値を見出し、創造するには深く広い意味での教養という名のプラットフォームが求められる。深く広い教養とは、このためにはこれ、あのときはあれ、という即物的なものではない。いつ、どこで、どんなときに効用を発揮するか予測不可能である。だから、好奇心の赴くまま学び続けるしかないのだ。

好奇心は、教養を身に付けるうえでの源であるとともに、教養がある人ほど好奇心は森羅万象に及ぶ。老人と青年の一番大きな差は好奇心があるか、ないかである。好奇心があるなら、人は80歳になっても青年であるし、好奇心のない人は30歳でも老人だ。

1000年以上昔の文学『源氏物語』からでも、今日に通じる多く人の心の機微を学び取ることができるし、400年以上前のシェイクスピアの作品に、時間を超えた人生の普遍性を見出すこともできる。なお、教養が大切と述べたが、世の中には自分がいかに優れた教養人であるかを鼻にかけて、自慢たらたらの「教養屋」がいる。こういう人は底の浅い人間であり、信頼も尊敬もできない。鼻持ちならない俗物である。人は有用の学に優れた人に感心するが、心服するのは人間としての深みを持つ人に対してである。

相手の靴を履け

大人と子供の違いは、相手の立場で考えられるか否かにある。子供は自分中心にしかものを見ることができない。世界は自分を中心に回っていると思っている。いわゆるジコチュウである。どこまでも単眼のままであり、複眼の視野を持つことができない。

国際関係は、最低3つの視点で見なければいけないのが鉄則だ。自国、相手国、それに関係する第三国の事情と思惑のなかで決まる。

マッカーサーは戦後、日本へ進駐したとき、日本人のことを「12歳の子供」と切り捨てた。自国中心の考え方で凝り固まり、自国と他国を客観的に比べることなく、日本は八紘一宇の神の国であると信じていた当時の日本人は、マッカーサーには12歳の未熟な人に見えたのだろう。

現代の日本人の対外的な発言を聞いていると、80年近くを経た今日も、12歳から大きく成長したようには見えない。特に政治家の質の低下は目を覆うばかりである。多くの日本人が、依然として、自国中心の目しか持っていないからだろう。

相手の立場に立ってものを見たり、考えるということを、英語では、"Putting oneself in the other person's shoes."（相手の靴を履く）という。

ダイバーシティ社会とは、異なる価値観を理解したうえで許容し合う社会である。

企業風土をダイバーシティ化するには、**「我は我、人は人」とお互いに異なる価値観を許容しリスペクトする組織にしなければならない**。

必ずしも異見に賛成するということではない。**大事なのは許容と尊重（リスペクト）である**。価値観は、それぞれが立脚する歴史、文化、立場、事情によって変わってくる。だが、価値観が違えばそれぞれに正義が異なってくる。

常に自分の正義だけが正しいと固執すればするほど、延々と平行線が続く。お互いの正義には、それぞれにそれ相応の根拠と理屈があるから、自分は正しいと信じ込み、間違っているのは相手だと決めつける。

とどのつまり、どちらか一方、または双方が譲歩しない限り、「どこまで続くぬかるみぞ」となる。最後は力対力で解決することになる。

力対力とは戦争である。譲歩のために必要なのは外交である。外交とは武力を伴わない戦争である。

勇気を持って靴を履く

俗に盗人にも三分の理という。相手の正義にも、それなりの正義があるのだと気づくには、相手の立場に立って考えるという思考が必要だ。心のチャンネルをシングルチャンネルからマルチチャンネルに切り替えることだ。

相手の正義にも理があることを認めて、はじめて落とし所を探ることができる。そこから、お互いの違いを乗り越えて合意を形成する道が開かれるのだ。

相手の立場で考えるというときものを言うのが、普遍の原理原則である。

宗教的、文化的、歴史的な価値観の違いを認めたうえで乗り越えることにより、ダイバーシティをマネージすることができる、お互いの違いを乗り越える手がかり、足がかりが得られることになる。

現在の米中間の、お互いに相手を誹謗中傷するだけの言葉の叩き合いからは、何も生まれない。生まれたとしても、一時の溜飲が下がるというだけだ。

国家間で異なる正義を力で解決するというのは戦争だが、企業組織の中でお互いの違いを力で解決するとは、肩書や地位などの権力によって上から抑えつけることである。

ダイバーシティ時代にあって、相手、特にマイノリティーや社会的弱者を権力で抑えつけるのは、時代に逆行しているとしかいえない。ましてや、いわゆるパワハラ上司は万死に値する。

そもそもパワハラにおよぶ上司とは、常識と自分というものがない人である。本当にエライ人は威張らない。

履き慣れた靴から、相手の靴に履き替えることには抵抗がある。自分の正義に、自ら疑問符を付けることも同様だ。しかし、世の中がダイバーシティ時代、グローバル時代に変わっている以上、自分の慣れ親しんだ価値観から一歩踏み出す勇気と決断が必要である。

一歩を踏み出すことで、新しい世界が見えてくることもある。新しい世界観を得ることにつながるのである。

もはや旧い世界観では生きられない時代なのだから、ときには勇気を持って相手の靴を履いてみるべきだ。

異見も意見

お互いの違いを乗り越えるために有効な方法の1つが前述の「相手の靴を履く」であり、もう1つが「異見も意見」である。「異見も意見」とは、自分と異なる価値観や考え方を排除しないで、それも1つの意見として尊重（リスペクト）するということだ。

英語には“Agree to disagree”（不同意に同意する）という言葉がある。私はこの**「不同意に同意する」を「異見も意見」と言っている**。

その昔、九州福岡（黒田）藩には「異見会」というものがあった。福岡藩は、豊臣秀吉の軍師として活躍した黒田官兵衛が初代藩主である。天下を取れるだけの才覚であると、秀吉も認めた器量の大きい人物だ。福岡藩は徳川幕府になってからも、改易（大名の左遷、藩の取り潰し）もなく幕末まで何百年と続いた。その基盤が「異見会」である。

福岡藩の「異見会」は毎月行なわれていた。普段は畏れ多くて近づけない藩主に対しても、自由に藩政についての意見や異見を話す会だった。

異見会のルールは、だれが何を言っても怒ってはならない、恨みに思ってもいけないというものだ。藩主といえども、耳の痛いことを言われて怒ることはまかり通らないし、ましてや報復などできない。部下（家臣）の異見に耳を傾けることで、藩政が現実離れしたものとなったり、一部の人の身勝手にならないよう歯止めをかけていたのである。

異なる意見や考え方を尊重することはグローバリゼーション、ダイバーシティを実現するには不可欠だ。

人は自分を尊重する人を尊重する

異見が許されない会社はイケンと、異見の重要性を身をもって示してくれた人物の１人が後藤新平である。

後藤新平は戦前の政治家で東京市長（現在の東京都知事）、初代満州鉄道総裁を歴任した。関東大震災後の帝都復興計画の立案・推進者でもある。

後藤新平は、台湾総督として赴任する児玉源太郎に請われ、民政部長として随行した。後藤は「ヒラメの目をタイの目にすることはできない」と、台湾の文化・習慣を尊重した政策を統治の基本とした。

そのうえで台湾の発展、安定に必要な医療の整備、産業の開発を進める。産業開発のうち台湾の主産業である農業開発には、アメリカにいた新渡戸稲造を招き、台湾の風土に合った米、ウーロン茶、サトウキビなどの品種改良に成功した。

力で抑えるのではなく、台湾人の伝統・文化・習慣を尊重しながら統治を進めたことで、台湾人の生活が向上し、台湾統治は日本の植民地の中では抜きんでた成功例となった。その点、強権主義の朝鮮統治とは真逆であった。

異なる価値観や文化を許容することで台湾統治は成功したが、なぜか日本政府は後藤の台湾統治を成功モデルとすることができず、後藤統治以後の台湾を含め、戦前、あちこちで力の統治を行ない、現地の顰蹙《ひんしゅく》を買って、結局、現地の人心を失うことになる。

後藤は後年、「台湾統治はまだ成功の途中である。台湾は財政的には独立しているが、それをもって成功とはいえない。台湾が国力を成長させ、十分な経済力を持って自立できるようになったときに、それでも日本と一緒にやっていこうと決めたとしたら、そのとき台湾統治は成功したといえるのだ」と語ったと伝えられる。

台湾が完全自立することを、当時の日本政府が許せるとは考えられないものの、後藤の台湾人を尊重する姿勢がうかがわれる。自分たちとは異なる相手の文化、歴史、風俗、習慣を尊重する姿勢は、必ず相手にも伝わる。そして**人は、自分を尊重してくれる人を尊重する**。それが文化、歴史、風俗、習慣を超えた人類としての共通の原理原則である。

最後は結果

人生は「棺を蓋《おお》いて毀誉定まる」という。内村鑑三の『後世への最大遺物』にあるとおり、人生にあっては何を成したかよりも、どう生きたかが重要になることもある。

一方、ビジネスのボトムラインは、「結果」である。

「報酬は結果に対して与えられるものである。単なる努力は賞賛の的に過ぎない」（ピーター・F・ドラッカー）

経営の泰斗であるドラッカーがこう言っているだけではない。人の道を説く孔子や孟子も、ほぼドラッカーと同じことを言っている。『孟子』の中には次のような一節がある。

ある人が孟子に尋ねた。腕のよい職人がつくった精巧な飾りを施した靴と、技巧が未熟な新米職人のつくった単純な靴では値段が違う。

しかし両者とも同じ時間をかけてつくった靴なら、努力と苦労は同じなのだから、報酬も同じであるべきではないでしょうか——。

この問いに答えて孟子は、もし両者が同じ値段であれば、長い年月をかけて腕を磨く必要がなくなるから、手間暇のかかる精巧な飾りを施した靴をつくる職人はいなくなるだろう。だから報酬は違ってよいのだと答えた。

苦労や努力は同じでも、結果が違えば結果に応じて報酬に違いがあってよい。いや、あるべきだ。つまり孟子もドラッカーと同様に、**報酬は結果に対して与えられるべきもの**と考えたのである。

ジョンソン・エンド・ジョンソン（J＆J）日本法人の社長時代、アメリカ総本社の会議で当時の会長から「日本の今期の見通しはどうか」と訊かれたとき、私が「みんな一所懸命頑張っています」と答えたところ、会長に「頑張る必要はない。われわれはハードワーク（努力）を求めない。結果を出してもらえればそれでよい」と切り返された。

"All is well that ends well."（終わりよければすべてよし／シェイクスピア）。ビジネスとは、正しいプロセスを経たうえでという条件付きだが、最後は結果を出さなければ成り立たない。会社は沈没して海のもくずと化してしまう。

プロセスが結果を決める

すでに述べたが、サラリーマンとビジネスパーソンの違いは何か。サラリーマンとは、会社に仕事をしに行く人である。一方ビジネスパーソンとは、会社に結果を出しに行く人だ。結果を出せればよいのだから、行き先は会社でなくてもよい。

在宅でも別荘でも、結果が出せればそれでよいのである。

では、結果を出すにはどうすればよいのか。

1ついえることは、闇雲に努力すればよいというものではないということだ。努力するにしても、「スマート」に努力すべきである。そのためには、やはり原理原則をしっかり押さえておくことが大切である。

スマートな努力には5つのポイントがある。①ストレッチ（Stretch）目標であること、②計測可能（Measurable）であること、③納得（Agreed）目標であること、④経営資源（Resource）の裏付けがあること、そして⑤時間（Time）の期限があること。以上のスマート（SMART）である。別の切り口でいうと、次の5ポイントである。

1. 目的（Purpose）

目的は何か。志は何か。利益は結果だが、そもそも利益とはより大きな目的（パーパス）である企業理念を実現するための手段である。目的があいまいだと、何のために結果を出すのかがわからず意欲が上がらない。「理念のない目標はノルマと化す」という。そこには「やりたい感」はなく、「やらされ感」が生まれる。人は行動に大義名分（Cause）を求める生き物である。

2. 目標（Objective）

何をいつまでに、どれだけ達成しなければならないかを計数的に明確にすること。そこには目標を達成する立場にいる「当事者の納得」（Buy-in）があることが必要だ。

3. プロセス（Process）

正しいやり方でやること。結果はおおむねプロセスで決まる。上手なやり方よりも、正しいやり方で実行することが肝心である。

4. 評価（Assessment）

目標に対し期待どおりの結果が出たかどうかを評価し、目標と結果のギャップがあれば、なぜギャップが生まれたかを評価する。

5. 改善（Improvement）

4の評価で明らかになった不足分をどうやって埋めるか、埋めるための善後策を立てる。

PDCA（Plan Do Check Action）サイクルでいえば、1と2がP、3がD、4がC、5がAである。

FUNと不安

私が42歳で日本コカ・コーラ社からJ&Jへ移ったとき、CEOのジェームズ・バーク氏から言われた言葉がある。**「よい結果を出したいと思うなら、仕事はすべからくFUNでなければよい仕事はできない」**。**FUNでなければいけない。**

FUNとは楽しむということだ。楽しい仕事も、楽しくない仕事も、楽しくやることがよい結果を出すための秘訣だというのだ。

スポーツ選手で試合前にノートをつけている人は多い。今日のゲームの課題、自分のプレーの改善点、今日の目標等を記入し、最後にノートにFUN！（楽しめ）と書き込む人もいる。楽しいか、楽しくないかはスポーツ選手のパフォーマンスにとっても重要なファクターなのである。

人の感情の80％は自己暗示と錯覚である。人は、楽しいと思えば楽しくなるものだ。辛い、疲れた、ああシンドド、と思っていると、本当に疲れてくるし、つらい、大変と思えば本当につらくなる。もうダメだ、ダメだと思えば、本当にダメになる。

よい仕事をしたいのであれば、自分に健全な自己暗示をかけて、ＦＵＮ、ＦＵＮ（楽しい、楽しい）と思うことを習慣とするべきである。

ＦＵＮもちょっと間違うと不安になる。

「面白きこともなき世を面白く　棲みなすものは心なりけり」と詠んだ高杉晋作の心境で臨むことだ。『論語』にも「これを知る者はこれを好む者に如かず。これを好む者は、これを楽しむ者に如かず」とある。

楽しまない人生は損な人生であり、楽しまない仕事はうまくいかない。

ＦＵＮ集団をつくれ

仕事を楽しむ人は心に余裕が生まれる。物事に真剣（Serious）に取り組むことは大事だが、深刻になってはいけない。深刻になっては楽しむ余裕が失われるからだ。

心に余裕のあるリーダーが率いるチームには、フォロワーにも余裕がある。そういう職場には、さざ波のように笑い声が起きるものだ。

リーダーはスマイルの連鎖を心がけよう。

クロスリバー社の調査によれば、成績が上位５％の社員は一般社員に比べて１・４倍笑顔でいるという。こういう笑顔を"Winning Smile"という。

リーダーが笑顔で仕事を楽しんでいれば、必ずフォロワーもそれにならって笑顔で仕事に取り組み、仕事を楽しもうとするものだ。**リーダーのＦＵＮは部下に伝染する**のだ。こういうチームでは、自ずと全員の心に余裕が生まれる。

チームが仕事を楽しむＦＵＮ集団になれば、チームの仕事の品質は上がってくる。よい仕事をする第一の条件は、ＦＵＮであることだから当然のことである。

ＦＵＮ集団とは、全員が活き活きとよい仕事をする集団であり、結果を出す集団でもある。一方、リーダーの心に余裕がなく、いつも深刻な顔で大変そうに仕事をやっていたら、部下の心にはＦＵＮではなく、不安が生まれてしまう。ＦＵＮと不安では月とスッポンの差がある。リーダーは部下を不安にしてはいけない。

たとえ不安を感じる状況にあっても、リーダーがそれを表情や態度に出すことは許されないのである。「得意泰然、失意平然」を心がけよう。

部下はリーダーの心の闇を察する能力に長けている。将軍の心に迷いが見えれば、兵は自信をなくして前進をやめる。将軍が進攻をあきらめれば、兵はただちに撤退をはじめる。

リーダーは内心は不安でも、外面はＦＵＮで勇将でなければいけない。こういうリーダーにはＦＡＮ（ファン）が生まれてついて来る。

企業成功の50％は理念

かつて経営の神様といわれた松下電器（現パナソニック）の創業者・松下幸之助氏は、企業が成功する要因の半分は理念にあると喝破した。理念なき企業では、とても成功はおぼつかないということになる。この指摘は、実は人生にも通用する。

理念とは次のような構造になっている。**理念＝ミッション（使命）＋ビジョン（あらまほしき姿）＋バリュー（価値観）**。ミッション（Mission）とは何のために、何を成すために企業はあるのかであり、ビジョン（Vision）とはどういう会社になりたいかという夢や理想のことだ。バリュー（Value）とは何を大切に考えて行動するかということである。

理念とは文字どおり理想を念じるということだ。夢や理想のない人は、魂のない人ということになるので、体は動いていても心は屍同然といえる。

近年、企業理念の重要性が再認識されている。混沌の時代こそ、理念に還って企業の進むべき道を考えなければならないのだから、こうした動きは当然といえる。

企業理念がもたらすメリットは５つある。

1．求心力

よい理念は人を感動させ、理念の下に人々を引き寄せる。「桃李不言下自成蹊」（桃李もの言わざれども、下自ずからこみちを成す＝桃の木はもの言わずとも、その花や木陰、実を求めて多くの人々が集まってくる。するとやがて桃の木の下には自然と道ができる）というように、優れた理念はやり方や価値観の異なるさまざまな人の心を1つに束ねる。人心のベクトルが合ってくる。

2．社員の誇り

よい理念のある志の高い会社で働くことは、働く社員にとっての働きがいや生きがいに直結する。働きがい、生きがいを持って仕事に臨む社員は、会社に対して誇りを感じるものだ。単なる金儲け集団では人のやる気は高まらない。一時的には高まったとしても、持続性はない。

3．ステークホルダーの信頼

社員以外にも、ステークホルダー（利害関係者＝顧客、取引先、地域社会、株主等）にとって、よい理念を持っている会社は、その理念にステークホルダーが共感し、共鳴するので高い信頼を得ることができる。結果としてよいパートナーシップが生まれる。

4．求人力

優れた理念は優れた人を引きつける。その結果、求人に際しても大きな効果を発揮する。

5．中長期の業績力

理念に共感し、共鳴している集団は、理念の実現を何より大切にしているので、環境変化によって短期的な業績のアップダウンはあったとしても、中長期的には成長を続けることができる。

人生の成功も「自分理念」から

成功する企業に、企業理念があるように、自分の人生にも「自分理念」を持つべきである。自分理念の構造も企業理念と同じだ。

そして自分理念にも5つのメリットがある。

1．道を誤らない

自分理念があるということは、ミッション（果たすべき使命）、ビジョン（どういう自分になりたいか）、バリュー（何を大切にするか）が明確になっているということだから、道を誤ることがない。瞬間的に誤ったとしても軌道修正ができる。

2．現在地がわかる

ミッションとビジョンが明確であれば、道の途中であっても、どこに向かっているのか、いまどこにいるのか、これからどこへ行くのかがわかる。

3. 努力を惜しまない

ミッションとともに、なりたい自分の姿が明確だから、その理想に向かって進むことができる。やる気が高まる。

4. メンター（師）を見つけやすい

先述したとおり3人のメンターを持てば、その人の人生はバラ色というが、自分のバリューが明確なら、メンターを探すときにも、どういう人がメンターとして望ましいかをすぐに見分けることが可能だ。人のメンター探しに時間がかかるならブックメンターでもよい。ブックメンターとは困ったとき、悩んだときに自分を支える座右の書である。

5. 結果がついてくる

「人は結局思ったとおりの自分になる」（ゲーテ）。自分理念があるということは、思ったとおりの自分になる近道を歩いているということだ。

理念のない人は魂のない人である。「自分理念」を創ることを強くお勧めしたい。

第6章

卓越とは
千の詳細である

小事が大事

“Excellence is a thousand details.”（卓越は千の詳細）という言葉がある。

1つひとつは細かなことでも、積み重ねると立派なものになるというのだ。日本語に言い換えれば「一事が万事」である。「神は細部に宿る」ともいう。

会社の中には、一見どうでもいいような細かいことが数多くある。細かいこととはどんなことか。例を挙げるとすれば次のようなことだ。

社員同士の「おはようございます」「お先に失礼します」などの日常の挨拶、来客に対する「いらっしゃいませ」「お待ち申し上げておりました」などの挨拶が交わされている会社に悪い会社はない。挨拶は上司が率先して行なうことが原理原則だ。声を出さない上司は、それだけで失格である。

10時に会議がはじまると決まっていたら、9時55分には全員がそろって待機している。時間を守ることはビジネスの基本中の基本だ。

会議の時間を守るとは開始時間を守るだけでなく、終了時間もきちんと守ることをいう。

開始時間は守っても、終わる時間がルーズではよい会議とはいえない。

メールに対しては“Prompt”（迅速）な返信をする。できればすぐに、遅くても24時間以内に。

受け取った側は大したメールではないと思っても、送った側はフィードバックを求めているものだ。メールへの対応は特別の理由がない限り、軽重を付けず迅速に行なうことが原則である。なしのつぶてという人は信用されない。私の経験からわかったことがある。仕事のできる人ほどメールの返事が早いということだ。

トイレの掃除がピカピカに行き届いている会社は、まず優れた会社と見て間違いない。優れた会社、光った会社はトイレの光った会社である。

会社にかかってきた電話には3コール以内に元気な声で出る。これも小さなことだが基本中の基本である。

お世話になったら必ずお礼の言葉を（電話、メール、手紙等で）述べる。小さなことでもお礼と感謝を伝えることを疎かにしてはならない。

以上のディテール（詳細）は、すべて入社時の新入社員研修のときに聞いたことばかりだろう。だが、「聞く」と「やる」とでは大違い。**そもそも三流の人は基本的な「詳細」を知らない。二流の人は知っていてもやらない。一流の人はやるべき詳細を知っていてや**

っている。人間万事、小事が大事なのである。

大切なのは学び続けること

どうでもいいと思いがちなことがまとまると、そこには卓越が生まれる。チリも積もれば山となる。ある食品製造会社では、1年のうちに繁忙期と閑散期があるため、毎年、閑散期に現場がテーマを決めて研修会を行なっている。

テーマは毎回異なり、あるときは5S、あるときはBPR（ビジネスプロセス・リエンジニアリング）、あるときはプラントメンテナンス、あるときはバリュー・エンジニアリング、あるときはマナー等多彩である。

閑散期の3～4か月だけの研修なので、研修を行なった後、すぐに特効薬のように効果を発揮したというものはない。しかし、この会社は毎回異なる挑戦を続け30年になる。

その結果、少しずつだが社員と会社のレベルが上がり続けている。30年前と比べると、まるで別の会社のようで、かつての姿とは雲泥の差がある。

そもそも同社の社長の研修のねらいは、インスタントなスキルやノウハウのみを求めているのではなかった。研修を特効薬ではなく、漢方薬と考えていた。研修費をコストではなく投資と考えていた。

「青年よ大志を抱け」(Boys, be ambitious.) で有名なクラーク博士は、できたばかりの札幌農学校(現北海道大学)で植物学を教えた。生徒には新渡戸稲造、内村鑑三がいた。内村は後年アメリカに留学した折、クラーク博士の友人たちから「クラークが植物学を教えていた? クラークが植物のことを話したのを聞いたことがない」という話を聞いた。

ここで内村は、学問を教えるうえで最も大事なことは、豊富な知識をもって、その知識を伝えることではなく、学ぶことの面白さと素晴らしさを学生に伝えることにあると悟った。学生がクラーク博士から得たものは、まさにそれだったからである。

くだんの食品製造会社の研修も、各テーマの習得度からすれば、いずれも中途半端な段階で終わっている。

学びに「一発勝負」はない。大事なのは「継続勝負」である。学ぶことが重要なのではない。**学び続けることが重要**なのだ。

あなたは何を学び続けるのか。

答えは自分で出すしかない。「継続は力なり」と信じて生きよう。人が人を裏切ることはあっても、努力は人を裏切らない。

70点主義をためらうな

自分の長い経営経験を振り返ってみると、何らかの意思決定をするとき、事前に100%必要な判断材料がそろっているということは一度もない。必ず情報や判断の裏付けとなるファクト（事実）やエビデンス（根拠）が不足している。

しかしそれでも意思決定はしなければならない。

ダラダラしていると、ビジネスチャンスという名のバスがサヨナラ、サヨナラと出ていってしまう。だから、どこかで見切り発車せざるを得ない。そういう切羽詰まったシチュエーションはビジネスシーンでは日常茶飯事に発生する。

意思決定が必要とされる事態は、ビジネスのみならず人生でも何度か遭遇するはずだ。そういうときの最悪の決断はズルズルベッタリの先延ばしである。**先延ばしにした結論は、先延ばしした時間が長くなればなるほど劣化し、結果が悪化する。**

すでに述べたが「分別も久しくすればねまる」（熟慮も過ぎれば劣化する）という格言が『葉隠』にある。戦国武将・龍造寺隆信の言葉とされる。英語には“Analysis, Paralysis”

（分析している間に麻痺する）というビジネス成句がある。「下手の考え休むに似たり」だ。考えるばかりで何もしない人を「枕香《じんこう》も焚かず屁もひらず」という。雅なお香も焚かなければ屁もしない。結局何もしないのだ。

ビジネスも人生も、70点主義で覚悟を決めて見切り発車をしなければならないことがある。

判断材料が少ないときには、自分自身の経験や人の意見を総合的に判断して決断、実行することだ。この決断という言葉も、その由来からして満点にこだわったものではない。昔、大雨が降って川が氾濫しそうになったときには、堤のどこかを意図的に破壊して、そこから水を抜き、全体の被害を抑えようとした。

しかし堤を切られた地域は大洪水となる。といって堤を切らなければ、堤のあちこちが決壊し、被害は全体に及んでしまう。そこでリーダーは心を鬼にして、いずれかの地域を犠牲にするのである。

満点が望ましいことはいうまでもない。だが、時間との対決が物事を決める場合、満点を期待できないこともある。そのときは、失点を覚悟で決断するしかない。情報やデータが十分に整ったときに、物事を決めることを「決定」という。不十分だが、あえてエイヤ！と決めることを「決断」という。

決断には必然的に「もしかしたらうまくいかないかもしれない」というリスクが伴う。リーダーとは「計算されたリスク」(Calculated Risk)を取ることのできる人である。

日本海海戦は70点だから勝てた

日露戦争のときに勝敗を大きく左右した戦闘がいくつかある。海の戦闘では、やはり日本海海戦が最大だろう。このとき日本の連合艦隊は、ロシアのバルチック艦隊がどういう航路を通って、ウラジオストックの港へ向かうか判断に迷った。

もしも太平洋を大きく迂回するルートを選び、北海道沖からウラジオストックへ向かわれては、連合艦隊は会戦することができずバルチック艦隊を見逃すこととなる。

そこで漁船も動員して、海上のあらゆる地点に監視網を配置したが、ロシアの大艦隊とはいえ広い海で確実に捕捉することは至難の業だった。

このとき連合艦隊を率いる東郷平八郎は、70%の確率で敵は最短距離をとると考えた。バルチック艦隊の燃料、航海日数、疲労度、敵艦隊司令官の性格、それらから日本海を通るコースが最も確率が高いと考えた。

そして連合艦隊の戦力を分散させず、バルチック艦隊の到着を対馬沖で待ったのである。

その決断が圧勝といえる結果を導き出した。

70点主義とは100点をねらうなということではない。100点をねらうべきである。はじめから妥協してはならない。だが現実には往々にしてそうはいかないこともある。時と場合によっては100点にこだわるほうが被害を大きくすることもある。

失敗したらどうしようと考えて決断を伸ばしていると、タイミングを逸して被害を大きくすることになりかねない。だからこそ、失敗を覚悟のうえで決断し断行すべきなのだ。残念ながらうまくいかなかったときには、やり直せばまたチャンスは来ると考えていればよい。失敗とは考えずに挫折と割り切るのだ。

失敗は取り返しがつかない。挫折は一時的なものでやり直しができる。リカバリーショットを打てばよい。

やってうまくいかなかったときより、機を逃してしくじるほうが傷は深く後悔も大きい。あなたには、もしタイミングが求めるときには、「70点主義で決断を！」と叫びたいのである。

能力は5倍、情熱は100倍

「情熱がなければ恐怖と同じように簡単に行動力と理性の力を奪われてしまう」（エドマンド・バーク）という。「能力5倍情熱100倍」という。後者は、日本電産の創業者・永守重信氏の言葉である。能力で差がつくのはせいぜい5倍くらいだが、情熱は100倍の差が出るということだ。

情熱は、人生で成功するための最大の条件である。経営者のスキルはあまり高くなくても、スキルの高い部下を周囲に配することができれば会社は回る。だが、経営者に情熱がなければ会社は冷え切ってしまう。私は、情熱こそ優れた経営者やリーダーの最大の条件であると心から信じている。

リーダーは、自分の心に情熱があるというだけでは不十分である。**情熱の火は自らの心に点すだけでなく、周囲の人々にも火を点けるのがリーダー**だからだ。リーダーとは圧倒的な熱量の持ち主である。「周りを照らす者は、自らを燃焼させなければならない」（ヴィクトール・フランクル）のである。

一口に情熱というが、実は情熱には5つのタイプがある。**自燃型、可燃型、不燃型、消火型、点火型**である。目標を自分でつくりチャレンジしている人が自燃型人間であり、ビジネスパーソンの5%~10%しかいない少数派である。こういう人が自分を伸ばし部下を伸ばし、会社を伸ばす。

可燃型とは、自分からは燃えないが、人がマッチを擦ってくれれば燃えるというタイプだ。これがざっと80%以上で圧倒的に多い。

不燃型とは、どんなに働きかけをしたところで燃えない防火壁のようなタイプである。不燃型には、さらに2種類ある。生まれてこのかた一度も燃えたことがなく、死ぬまで燃えないという型。もう1つは若いころには燃えたことがあったが、燃え尽きてしまった燃え尽き症候群型である。この2種類を合わせて2~3%というのが私の経験的実感である。

点火型とは、燃えていない人の傍らに行って情熱の火を点けて回る人である。言い換えると人の動機を高めることのできる人である。これが約5%というのが私の見立てである。

リーダーは自燃型で点火型であることが基本となる。「まず隗よりはじめよ」で、自らが燃え、次に部下の心へ点火して回るのがリーダーの条件である。

望ましくないタイプが消火型である。本人にやる気もなければ情熱もない、しかもせっかく燃えている周囲の人々の心に点っている情熱の火を、次々と消して回る許しがたいタイプである。これが約2～3％、数は少ないが及ぼす悪影響は大きい。

第2章で触れたように、アメリカの調査会社ギャラップのレポートには、日本人の会社員には自燃型・点火型が著しく少ない反面、消火型は抜きん出て多いという衝撃の結果が示されていた。「企業は人なり」という大原則から見ると、この結果には暗澹たる気持にさせられる。本人のやる気、熱意がここまで落ちていて、周囲の情熱の火を消して回っている人ばかり増えているのでは、日本の企業力、国力が衰えるのは当然というしかない。むしろGDPで世界3位（名目ドルベース）でいることが不思議に思えるほどだ。

持続的な情熱を維持するには

情熱を持って生きる人生は楽しい。だが、情熱は持続するのが難しい。夏の夜の花火のようにパッと上がって、パッと消えてしまう、長続きしない情熱では本物といえない。

“Sustainable”（持続的）な情熱を、確実に我がものとするために必要なことは次の3点だ。これらを行なえば確実に火は燃える。そして燃え続ける。

1．人生に目的（Purpose）を持つ

先述した自分理念や生きる目的（パーパス）や志を確立することである。「自分の人生

の中心に何を持ってくるか」ということだ。

2. 短期と長期の納得目標を追い続ける

時限設定のある目標と目標を達成するための行動計画を持つことである。「いつまでに何をどうやるか」ということだ。

3. 点火型の人と付き合う

お互いに火を点け合って啓発し合える人と交流することだ。繰り返すが「人とは、その人がいままでの人生で付き合ったすべての人の総和である」という。人は、自分がだれと付き合うかによって大幅に様変わりするものだ。

上記の3つを実行に移すと大きな変化が起きる。

まず毎朝、目が覚めるのが楽しみになる。自分で納得した目標があり、やり続けているのだから、人生に飽きるヒマがない。活性度の高い毎日を送ることができる。情熱の火は、悔いのない人生を送るために、そして人生を完全燃焼させるためのブースターである。

完全燃焼の人生は、それがいかなる人生であれ悔いがない。フランク・シナトラの「マイ・ウェイ」の"I did it my way."（やり切った人生）である。

あなたにとっての「マイ・ウェイ」は何か？「マイ・ウェイ」のない人生は「ノー・ウェイ」であり、悔いの多い人生である。

1日4回メシを食え

「1日4回メシを食え」というと、そんなに食べていたら肥満体にならないかと心配する人がいるかもしれない。真意は何かというと、**1日3回は身体を養うメシを食い、1回は心を養うメシとは心を養う飯を食えということ**である。身体を養うメシとは食事であり、**心を養うメシとは本のこと**。1日1回は本を読もうということである。

日本人の読書量は世界的にも少ないといわれる。

2020年の文化庁の調査では、1か月に1冊も本を読まないという人が、日本人全体の47％で最も多く、次いで1、2冊という人が37％である。大学生の読書時間もほぼこの数値に近く、1か月に1冊も読まない人の割合は48％となっている。

学ぶことが本分であるはずの学生が、1か月に1冊も本を読まないというのは、緊急事態宣言を発したいくらいの異常事態だ。私の学生時代を振り返っても、にわかには信じがたい調査結果である。

スマホを使えば、ピンポイントで欲しい情報にアクセスできる。それはそれでレポート作成や試験勉強には便利なのだが、ネットで手に入るピンポイントの情報というのは、いわば象の足に触れて、これを象と思い込んでしまうというリスクがある。

情報が単独で存在することはない。**いかなる情報にもよって来たる背景があり、前後左右に関係性の網を張っている。つまり体系的に押さえなければ、象の足は実は象の一部で、象の全体像はもっと大きなものであるということはわからない**ということである。

物事を大局的かつ体系的につかむには、とかくピンポイントに流れがちなネット情報は不向きといえる。大局的・体系的にものを知るには、手間はかかるけれども、昔もいまも読書が最適であると私は信じている。

忙しいは言い訳にならない

閃きやアイデアは、その人のセンスによるところが大きいと思われているが、センスを磨く要素は、経験からの学びによる知識と情報の在庫量にある。

在庫がなければ、出荷することはできないし、在庫が乏しければ、組み合わせで新しいものをつくることも不可能だ。

ここでいう**在庫量とは読書量と経験量の総和である。**人ひとりの経験量も読書量も自ずと限界があるが、時間の使い方によっては限界を大幅に広げることは誰にでもできることだ。忙しくてとても本を読む時間がないというのは、本を読まない人の常套句だが、単なる言い訳に過ぎない。時間がないのではない。時間を創っていないのだ。

本を読む時間がないというのが、言い訳にもならないことは二宮金次郎が身をもって示している。

金次郎は先述した二宮尊徳の幼名である。

金次郎は名門の農家に生まれたが、父が放蕩を尽くして家は没落、金次郎兄弟は親戚の家に預けられた。実家の再興という使命を担った金次郎は、再興するには農業とともに学業も必要と、当時の人々の教科書である四書五経を熱心に読んだ。

しかし親戚の家では、農家に学問は要らないと、金次郎が家で読書することを喜ばなかった。灯火油がもったいないと夜の読書を禁止した。

金次郎は放棄された農地を開墾し、そこでつくった作物を売って油を買ったが、親戚の家は「うちに厄介になっている間は、お前がつくった作物もうちのものだから、買った油を勝手に使ってはいけない」とやはり読書を許さなかった。

そのため金次郎は農作業の合間に、さらに家路を歩きながら本を読んでいた。

金次郎にとって、実家を再興するという目的を果たすためには、教科書である四書五経の読書はどうしても必要なことだったのである。

いまは令和の時代、古臭い修身の教科書を持ち出すつもりはない。人間本当に必要と思うことであれば、何とかやりくりをつけて実行するものだと言いたいのである。

1日1回も活字のメシを食わない人は、まだ読書を必要と思っていないのだろう。だが、**あなたにとって本当に必要な本物の情報は、表面をサラッと撫でただけのネット情報の中にはない。間違いなく本の中にある。**

本を読まない人は伸びない。本ばかり読んで仕事をしない人は、もっと伸びない。

そこで妥協案がある。1日最低1時間、本を読む習慣を我がものにしてほしい。1日1時間だと1年で365時間、10年で3650時間。この蓄積がもたらす効果はとてつもなく大きい。本を読むという習慣は、あなたの人生を豊かにするための貴重な無形財産である。

とりあえずＹＥＳ！

新しい提案、アイデアに対する反応は2つある。1つは、とりあえずイエス、もう1つはとりあえずノーである。「とりあえずイエス」の人は、新しい提案やアイデアに対し、「面白そうだからやってみよう」と前向きに反応する。もし失敗したら、そのときはやり直せばいいと健全な割り切りで考えている。

一方、「とりあえずノー」の人は、「成功するかどうかわからない、面倒だ、前例がない、ダメだ」とノーで反応する。その後にノーの理由を並べ立てる。

ある専門書の出版社の社長のところに、この会社の出版傾向からは外れた企画が上がってきた。担当編集者はかなりの熱の入れようだったが、上司の編集部長は難色を示した。失敗すれば損害は大きいかもしれない。迷いに迷った挙句、まあ、この1冊が大失敗したところで、会社が倒産するわけではないのでやってみようという結論を出した。

会社にとっては毛色の違う本だったが、発刊してみたら、当時としては異例の40万部を超えるベストセラーとなり、結果は大成功だったという。

ヒット商品というのは、たいてい「とりあえずやってみた」ものであることが多い。

怜悧な頭で緻密な計算をしたところでホームランは打てない。せいぜいシングルヒットだ。人生のホームランバッターはおおむねイエス族である。

オバマ元大統領の就任時のスローガン“Yes, we can!”は国民の心を揺さぶり火を点けた。「そうだ。われわれはできる！」と呼びかけた。多くのアメリカ人は熱狂した。オバマ政権には毀誉褒貶はあるが、国民に夢と希望を与えようとしたことは間違いない。

一度だけの人生、“Yes, I can!”で生きよう。

前例がないからやる

未知のものに対して前向きか、後ろ向きかは、その人が新しいことや考えに対して持つ好奇心（Curiosity）によって決まる。好奇心は老人と若者を分ける最大の要素でもある。

好奇心の旺盛な人は80歳の高齢者でも若者であり、好奇心を失った人は30歳でも老人である。新しいことに出会ったとき、ノーの理由ばかり探しはじめるのは老人の共通的兆候だ。ノーの理由でよく聞くのが「前例がない」という役人の常套句である。前例がないとは、成功した例もなければ失敗した例もないということだ。さらに踏み込めば成功の確証がないから、やらないということでもある。

しかし、成功することが前もってわかっていることなどめったにない。成功したところで喜びも感激もない。成功する確率の高いものは、たいてい多くの人も成功すると考えているからライバルが多い。そこへ飛び込んでいくのは、敵がうようよとうごめいているレッドオーシャンの真っただ中へドブンと入っていくようなものだ。

成功例は多くても、ライバルの数がその何十倍も多いのだから、よほどの資本力や体力の差でもない限り、苦戦は必至であるし大した成果も期待できない。

一方、成功例がないものは、ライバルのいないブルーオーシャンである。成功例がないのだから、無論、失敗のリスクもあるが、失敗のない成功はない。「最大の失敗とはリスクを取らないことである」という。イエス族が、やってみてダメなら、すぐにやり直すという基本動作であるのに対し、ノー族は、せっかくチャンスがあったとしても、背を向けてしまう。失敗はないが、成功もない。

ただただ波の間に間に漂っているだけである。大きな波が押し寄せてきたら、あっと言う間に波に飲み込まれてお陀仏となってしまう。ビジネスパーソンとして成功したいと思うのであれば「とりあえずイエス族」の仲間入りをするべきである。

ノーだけで生きる人を「ノー（能）なし」という。「とりあえずイエス」で生きよう。

NATOから脱退せよ、WTTに加盟せよ

NATO脱退といっても安全保障の話ではない。NATO（北大西洋条約機構）のことではなく“No Action Talk Only”つまり有言実行ではなく、有言不実行ということである。こういう人は信頼されない。

こんな話がある。昔、中国に龍の絵を好む人がいた。着物や持ち物にも、龍の模様ばかりをあしらっていた。熱心な龍の愛好は龍神に伝わり、あるとき、本人の目の前に本物の龍が姿を見せた。そのとき、この人はびっくりして気を失ってしまった。

英雄気取りで普段は大きなことを言いながら、いざというときには、言っていることと、やっていることが違うというのではだれにも信用されない。

一方、WTTとは“Walk The Talk”（言ったとおりに歩く）で、アメリカのビジネスマンがよく使う表現である。**「言ったとおりに歩く」とは、すなわち有言実行であり、言行一致であり、知行合一である。**「知って行なわざるは、すなわち知らざるなり」（王陽明）

というが、これがＮＡＴＯである。何事も実行して、結果を出さなければ、知っていたところで、知らないのと同じだから意味がない。

「巧言令色《こうげんれいしょく》鮮《すくな》し仁《じん》」。口先だけ上手で体裁をつくろうような人では、本物の仁者からはほど遠いのである。“He is a man of his word.”（彼は彼の言葉どおりの人である）といわれるようでなければ、リーダーとしてはまだまだである。

有言実行の殿さま

「なせば成る　なさねば成らぬ何事も　成らぬは人の成さぬなりけり」という名言でも有名な米沢藩藩主・上杉鷹山《ようざん》はまさに“Walk The Talk”の人であった。

鷹山は17歳で家督を継ぐが、当時の米沢藩は藩士の給与もまともに払えないほど財政がひっ迫しており、藩の財政再建は危急の課題だった。

藩の困窮を救うには徹底した倹約と産業の活性化しかない。鷹山が藩主に就いたときには、すでに待ったなしの状況であった。

鷹山は護国の神社に、次の4つの誓いを記した誓紙を奉納した。

・民の父母の心構えを第一とすること

・学問武術を怠らないこと
・質素倹約を忘れぬこと
・賞罰は正しく行なうこと

藩主は民の親であり、自らを以て民を導く模範となること、怠ることなく学問、武術に励むこと、自ら質素倹約を徹底すること、信賞必罰を枉《ま》げないことという4つの誓いは、藩主鷹山自らを戒めるものであった。

大倹約令を藩内に発令した鷹山は、日常の食事は一汁一菜、着物は木綿、奥女中も50人から9人に減らしたという。ただし、産業の活性化や公儀や他藩との付き合い、外交に要する費用はケチらなかった。質素倹約といってもメリハリをつけたのである。

産業振興、外交のみならず、貧しいなかにあっても、「学問は国を治めるための根源」であると、城下に藩校「興譲館」を創設。有能な家臣の子弟から20名を選抜し、無料で入館させ人財の育成に努めた。

産業振興の成果は徐々に現われ、藩財政は好転したが、鷹山は72歳で他界するまで生涯、一汁一菜、綿服着用の生活を続けた。藩士も民も、みんなが鷹山について行ったのは当然といえる。

即刻NATOを脱退しよう。WTTに加盟しよう。

あえて二兎を追う

"If you run after two hares, you will catch neither."（二兎を追う者は一兎をも得ず）というように、一度に多くのものを追うことを戒める言葉は多い。

会社と屏風は広げすぎると倒れる、目標の数が増えるに従い達成率は下がる、あれもこれもではなく、あれかこれかでいけ等々、捨象と絞り込みがビジネスの基本であり、原理原則でもある。

だが、原理原則を単純に一本調子のものと見てはいけない。**上辺だけの原理原則を本物の原理原則と錯覚してはいけない**。

一見相矛盾するものでも、実は一体であることもあれば、一見相反するものが、実は両立するものであるということもある。2つで1つというものの場合と、1つひとつが別物という場合では、同じ原理原則で捉えてはいけないのだ。

2つで1つとは心臓の左心房と右心房のようなものである。それぞれに働きは異なるが、どちらが欠けても機能しない。

「あちらを立てれば、こちらが立たず」ということを"Trade Off"（トレードオフ）という。家庭と会社、コストと品質、夢と現実、苦と楽など一見すると相反するもの、対立するものは身近に掃いて捨てるほどある。

そのためわれわれは、何かを得るには何かを捨てるしかないと考えがちである。いわゆる捨象するのである。二律背反するものは、どちらかを犠牲にしなければならないと思う。それがトレードオフだ。

人生とは矛盾のかたまり

トレードオフとは、あちらを立てればこちらが立たぬというジレンマである。

このジレンマを両立させるのが"Trade On"（トレードオン）という考え方だ。そんなことができるのかと思われるかもしれないが、いくつもの例を考えてみれば、**矛盾や対立は表面的なことで、多くの場合、実際には両立が可能である**ことがわかる。

家庭と会社とは、そもそも対立するものではない。私の場合でいえば、人生の基本的な目的は自分と家族の幸福である。われわれの幸福のためには経済的裏付けも必要だ。そのためには、会社を発展させ成長させる必要がある。会社の発展と自分の幸福、そして家族の幸福は三位一体であり、対立するものではない。家庭と会社は両立するのだ。「ワーク対ライフ」ではない。「ワークとライフ」である。

コストと品質はどうか。

低コストと高品質は一般的には至難の業だ。現在のスマホの機能を昭和の時代につくろうとすれば、コストは国家予算並みだった。平成元年でも、企業の年間予算並みのコストだったろう。

しかしいまは数万円のコストで高機能を得られる。

夢と現実は、家庭と会社のケースと同じである。夢の実現のためには、現実生活の糧を確保しなければならない。

夢は現実の問題を克服した先にある。矛盾はない。

苦と楽は人生そのものである。苦と楽は一体になって人生を形成している。矛盾でも対立でもない。苦と楽があって人生なのである。

自分を殺し会社に仕えるという滅私奉公と、自分を活かし会社に貢献する活私奉公の間には天と地ほどの差がある。会社と自分を対立関係ではなく両立関係で考える。トレードオフではなくトレードオンである。

部下として服従はしていても、上司にとって頼りになる存在となれば、上司もその部下を尊重し、聞く耳を持たざるを得ない。

こんな話がある。ある侍が主君から切腹を命じられたとき、藩の重役が1人、「あの者はお助けなさるように」と言ってきた。

殿さまが理由を訊くと理由はないと答える。それではダメだと追い返すが、またやって来る。5回目にやってきたとき、殿さまは「五度まで言う以上、助けるしかないな」と助命を承認する。

日頃は自分に服従している、頼もしくもあり一目置かざるを得ない家臣から、理由はないとはいえ、5回も嘆願されれば主君といえども聞く耳を持たざるを得ない。

日頃の服従は、一見、自分を殺しているようだが、実は自分を殺すことではなく、自分を活かすための行動なのである。「自分を殺す」と「自分を活かす」は深層で通じ合い両立するのだ。

いまからでも、**二元論的対立のトレードオフから、両立概念のトレードオンに心の軸足を移すこと**だ。あえて二兎を追ってみよう。ちょっと間違うと「二兎を追わない者は一兎も得ず」という将来を招きかねない。

職場から追放したい7つの禁句

古代の人々は、言葉には魂がこもっていると考えた。したがって言葉として発するとそれは現実になる。いわゆる言霊《ことだま》である。

そこから忌み言葉や祈りの言葉が生まれた。古代人の言霊信仰ほどではないにしろ、現代に生きるわれわれも、言葉の力を感じることが少なくない。

まだ町工場に毛の生えた程度だったころのホンダの現場には、常に創業者である本田宗一郎氏の「世界一の自動車をつくる」という魂のこもった言葉が響いていた。

毎日毎日、「世界一の自動車をつくる」という言葉を聞いているうちに、次第に社員の胸中にも同じ思いが根付いてくる。

そんなとき、宗一郎氏は「世界一の自動車をつくるには、世界一の部品をつくらなくてはいけない。世界一の部品をつくるには世界一の工作機械が必要である」と、ドイツから最新鋭の工作機械を輸入した。

金額は当時の価格で4億5000万円、ホンダの資本金は6000万円だった。

ずいぶん無謀な投資に見えるが、宗一郎氏の言葉によって、夢を共有していた社員は、宗一郎氏の高額な買い物に驚きはしたが非難はしなかった。

世界一の自動車をつくるためには、世界一の工作機械が必要なことは社員もわかっていたからである。

ネガティブ言葉を禁止

ポジティブな自分をつくろうと思ったら、ネガティブな言葉はなるべく避けることだ。ポジティブなチームをつくろうと思ったら、ネガティブな言葉を職場から追放すべきだ。

「人は悲しいから泣くのではない。悲しいと思うから涙が出るのだ」という。

私は日本ホールマーク社の社長時代に、7つの禁句を定めた。

社内で使ってはいけない言葉のネガティブリストを示したのである。禁句だけを定めたのでは会話に窮してしまうので、言い換えとなるポジティブ言葉も合わせて示した。

1．お疲れさま　↓　お元気さま

「お疲れさま」は、社内で頻繁に交わされる挨拶言葉である。しかし、昼休みから戻って来ても「お疲れさま」、商談がまとまって喜び勇んで帰ってきても「お疲れさま」というのはピンとこない。違和感がある。疲れるどころか元気いっぱいだからである。

そこで社内の挨拶は「お疲れさま」は禁句とし、それに替えて「お元気さま」とした。

2．頑張れ　↓　頑張ろう

「頑張れ」とは「お前は死ぬほど頑張れ、オレはこれから飲みに行く」と言っているに等しい。頑張るときは、ともに頑張らなければいけない。だから「頑張ろう」である。オレもやるからお前もやれ！　である。

3．前例がない、だからやめておこう　↓　前例がない、だからトライしてみよう

「前例がない」の後ろに「だからやめておこう」が続くか、「だからトライしてみよう、あえてやってみよう」が続くか、この差はとてつもなく大きい。

4．難しい　↓　やりがいがある

困難な仕事は自分を磨くチャンスである。難しい仕事に直面したら、小躍りして喜ばなくてはいけない。難しい仕事は自分を磨いて自分を高める絶好の機会である。

5．慎重に検討　↓　とにかくやってみよう

慎重に検討するという意味は、そもそもやるつもりがないということだ。後ろ向きである。ビジネスの基本は前向きである。やってみてから考えればよい。サントリーの「やってみなはれ」である。

6. 忙しい、忙しい　↓　生産的な仕事に従事している

J&J時代の私の上司（英国人）は忙しい（Busy）という言葉は使わなかった。「お忙しいですか」と聞くと"I am not busy. Just productively engaged."（忙しくない。生産性の高い仕事をしているだけだ）と宣《のたま》った。英国人独特のユーモアが利いている。

7. お前はダメだ　↓　よくできた！　もっとできる！　やればできる！

部下を叱るときの肝として、叱る前より叱った後のほうが部下のやる気が高まる叱り方が望ましいことはいうまでもない。

3つの「カキ」のすすめ

私は、人生の活性度を高めるには3つの「カキ」が大事であると思っている。3つのカキとは**「汗かき」「物書き」「恥かき」**である。

汗かきとは、文字どおり運動をして汗をかくということである。ストレス解消、健康維持のための妙薬だ。汗をかく時間を1日のタイムスケジュールの中に組み入れよう。

私の場合、20代、30代にボディビル、40代はゴルフ、50代ではテニスであった。80代のいまも1日30分のストレッチは欠かさない。身体を伸ばすと心も伸びやかになる。

物書きとは、文章を書くことだ。ものを書くという行為は、頭の中を整理することに役立つ。ものを書くプロセスは、考えをまとめるプロセスでもあるからだ。大げさに考える必要はない。1日3行の日記でも立派な物書きである。現に、この本も、ない知恵を絞りながら、汗をカキカキ書いている。

私は、新聞・雑誌などへの寄稿や本の執筆のみならず、講演で何をどう話すかのアジェンダを整理するときにも「物書き」をしていた。

頭の中だけで考えるよりも、書いてみることで頭の中が片付くし、書いているうちに新しい気づきを得ることがある。1日わずか数行でも日記をつけ続けると、記憶化され脳に残る。

恥かきとは知らないことや、いままでやったことのないことに積極的に挑戦するということである。知らないこと、やったことのないことでも恐れずチャレンジすることで、恥をかくこともあるが、その恥かきによって得るものは大きい。

できれば避けたいのが恥かきだが、私の経験から言っても、はじめての講演や文章発表では、すべて上手にやれるということはない。

慣れないうちはうまくいかず、講演や執筆でも恥をかく恐れはあるが、恥かきを恐れて何もやらない人は絶対に伸びない。

恥はいっとき、財産は一生

この3つの「カキ」という習慣は、人生の活性度を高めるうえで貴重な財産である。

汗かきは自分だけの内部作業だから表には出ない。物書きも、日記をつけたり情報整理をしているうちは、内部作業にとどまるから、あまり心理的な抵抗はない。

一方、恥かきは外に向かって文章を発表したり、講演したりと、発言・発表することを伴うため心理的な抵抗が強い。

その意味では「3カキ」の中で、最も痛みを伴う恥かきが一番肝心ということになる。

「人に超越するところは、我が上を人にいわせて意見を聞くばかりなり」(『葉隠』)という。人より優れ、一流になるには人に自由にものを言わせて、その批判を聴くに限るという教えである。

批判だから耳の痛いことを言われることもある。恥ずかしい思いをすることもある。しかし、「若いうちに流さなかった汗は、年老いてから涙となって返ってくる」という。「若いうちに流さなかった(恥かきによる)冷や汗は、年老いてから涙となって返ってくる」ことになるのだ。

恥を忘れて恥をかくと、それは知恵となって我が身に蓄積される。知恵は人を助ける。一度も恥をかいたことのない人は、失敗もない代わりに失敗から得られる財産もないことになる。汗かき、物書き、恥かきで築いた財産は、いまもなお私の財産として、今日の講演や執筆活動の糧となっている。

大いに汗をかき、ものを書き、恥をかくことをお勧めする。胸を張って堂々と「恥かき人生」を送ろう。「聞くはいっときの恥、聞かざるは一生の恥」である。

夢なき者に成功なし

「企業は夢ではじまり、情熱で大きくなり、原理原則と自責で維持され、官僚化で衰退し、革新で蘇る」。これは私の自家製の名言（？）である。官僚化とは形式主義、前例主義、無謬主義である。つまりチャレンジを忘れた覇気なき組織ということだ。

だからチャレンジと勇気を必須条件とする革新が必要となる。

夢（志、ビジョン）は企業の淵源であり、理念である。理念は企業経営の世界のみならず個人の人生でも大きな力を発揮する。吉田松陰はこう言ったとされる。

「夢なき者に理想なし、理想なき者に計画なし、計画なき者に実行なし、実行なき者に成功なし。ゆえに夢なき者に成功なし」

いかなる夢を抱くかは、その人次第だ。いかなる夢も、その人にとっての理想であれば、それが人生の原動力となる。夢が違えば、自ずと成功の形も変わってくる。

多くのアメリカ人ビジネスマンは、成功、不成功の評価基準をお金（ドル）で測る。

“He is worth ten million dollars.”「彼は一千万ドルの価値がある」という表現をする。人の価値を金（ドル）で測るのだ。

これはきわめて間違った考え方である。人生の成功は金ではない。

吉田松陰は30歳の若さで世を去った。松陰の稼いだ金（財産）が話題になることはない。しかし、彼はもっと大きな財産を残した。高杉晋作、桂小五郎、伊藤博文などの人財という「財産」を育てた。彼の育てた人財が、彼の夢である新しい日本の礎をつくったのだ。

松陰の財産は、通貨で測ることのできないものだが、松陰は成功者である。ちなみに私にとって最大の財産は、健康で仲のよい家族、心を許し合える親しい友、いままでに書いた50冊ほどの本などである。カネは残せないがカミは残した。

「ボクの人生の目標は一千億円貯めることです」とうそぶく若い経営者がいるが、「オマエはアホか！」と言いたくなる。金は幸せな人生を築くために必要な手段ではあるが、人生の目的ではない。“Money is something, but it's not everything.”（お金は多少は必要だが人生のすべてではない）という味のある表現もある。

夢は追っても金は追うな

内村鑑三の名著『代表的日本人』には5人の日本人が紹介されている。西郷隆盛、上杉鷹山、二宮尊徳、中江藤樹、日蓮である。

いずれも日本を代表する偉人であることは論を俟《ま》たないが、このうち中江藤樹は他の4人に比べるといささか地味だ。しかし、内村鑑三が最も心を寄せた人物が中江藤樹であることは、その筆致からも伝わってくる。

中江藤樹とは、近江（現在の滋賀県）の片田舎で村人を相手に私塾を開き、静かに、静かに徳を広げていった人である。優れた教育者として内村は彼を讃えている。

藤樹に著作はあるものの、特に偉業らしい偉業というものは見当たらない。門下生に著名な人物もいない。しかしその徳行は、徐々に広がり続け止まらない。中江藤樹は、内村が見出したわけではなく、すでに当時の日本人に広く名を知られていた。

中江藤樹のような成功者もいる。

ビジネスでは、経済的な資産を築くことが求められる。赤字会社はどう転んでも成功したと見ることはできない。

しかし、ビジネスでも成功しようと思ったら、金だけを追いかけてはいけない。

「金と女は追えば逃げる」。ある全国規模のチェーンストアの創業者が、私にポロリと言った言葉である。金は後からついて来るものだから、追ってはいけないのである。

金はフォロワーと同じで、振り返ったときにその存在がわかる。振り返るとそこにある金が身に付く金である。

フォロワーの数と質は、リーダーの仕事力と人間力、それに実績で決まる。

「会社創りは人創り、人創りは自分創り」、これも私の造語である。

よい会社、よい人生を創ろうと思ったら、まず自分のスキルやマインドを高めることが先決である。

本書では、おもにリーダーを目指す若い人たちに、真の成功者になるためには自分は何を磨いて、何を高めたらよいのかについて、私の知る限りのこと、ぜひこれだけはわかってほしいと思うことを、文字どおり情熱を込めて訴えたつもりである。

あなたの取り組んでいる「自己実現」の後押しが、少しでもできたならば、私の夢はかなえられたことになる。

新 将命（あたらし まさみ）
1936年東京生まれ。早稲田大学卒。株式会社国際ビジネスブレイン代表取締役社長。シェル石油、日本コカ・コーラ、ジョンソン・エンド・ジョンソン、フィリップスなど、グローバル・エクセレント・カンパニー６社で活躍し社長職を３社、副社長職を１社経験。2003我々年から2011年３月まで住友商事株式会社のアドバイザリー・ボード・メンバーを務める。「経営のプロフェッショナル」として50年以上にわたり、日本、ヨーロッパ、アメリカの企業の第一線に携わり、いまも様々な会社のアドバイザーや経営者のメンターを務めながら、長年の経験と実績をベースに、講演や企業研修、執筆活動を通じて国内外で「リーダー人財育成」の使命に取り組む。おもな著書に『経営の教科書』『リーダーの教科書』（以上、ダイヤモンド社）、『上司と部下の教科書』（致知出版社）、『経営理念の教科書』（日本実業出版社）がある。
【E-mail】atarashi-m@sepia.plala.or.jp

伝説《でんせつ》のプロ経営者《けいえいしゃ》が教《おし》える 30歳《さい》からのリーダーの教科書《きょうかしょ》

2021年９月20日　初版発行

著　者　新 将命 ©M.Atarashi 2021
発行者　杉本淳一

発行所　株式会社日本実業出版社　東京都新宿区市谷本村町３−29 〒162-0845
編集部　☎03-3268-5651
営業部　☎03-3268-5161　振　替　00170−1−25349
https://www.njg.co.jp/

印刷／理想社　　製本／共栄社

ISBN 978-4-534-05876-8　Printed in JAPAN